Stephen R. Covey

Self-Leadership

Weitere Bücher von Stephen R. Covey

Die 7 Wege zur Effektivität – Kompaktausgabe
978-3-96739-066-7

Das Leitbild deines Lebens
978-3-96739-143-5

Die 7 Wege zur Effektivität – Tagebuch
978-3-96739-067-4

Die 7 Wege zur Effektivität für starke Familien
978-3-96739-149-7

Die 7 Wege zu glücklichen Beziehungen
978-3-96739-041-4

Die 12 Gründe des Gelingens
978-3-86936-722-4

ÖKOLOGISCHE VERANTWORTUNG

Wir übernehmen Verantwortung! Okologisch und sozial!

- Verzicht auf Plastik: kein Einschweißen der Bücher in Folie
- Nachhaltige Produktion: Verwendung von Papier aus nachhaltig bewirtschafteten Wäldern, PEFC-zertifiziert
- Stärkung des Wirtschaftsstandorts Deutschland: Herstellung und Druck in Deutschland

Stephen R. Covey

SELF-LEADERSHIP

Die 7 Wege zu einem selbstbestimmten und sinnerfüllten Leben

GABAL FranklinCovey

Externe Links wurden bis zum Zeitpunkt der Drucklegung des Buches geprüft. Auf etwaige Änderungen zu einem späteren Zeitpunkt hat der Verlag keinen Einfluss. Eine Haftung des Verlags ist daher ausgeschlossen.

Ein Hinweis zu gendergerechter Sprache: Die Entscheidung, in welcher Form alle Geschlechter angesprochen werden, obliegt den jeweiligen Verfassenden.

Bibliografische Information der Deutschen Nationalbibliothek

Die Deutsche Nationalbibliothek verzeichnet diese Publikation in der Deutschen Nationalbibliografie; detaillierte bibliografische Daten sind im Internet über http://dnb.d-nb.de abrufbar.

ISBN 978-3-96739-206-7

Übersetzung und Redaktion: Claudia Franz, Oberstaufen | info@text-it.org
Umschlaggestaltung: total italic (Thierry Wijnberg), Amsterdam / Berlin | www.totalitalic.com
Satz und Layout: Das Herstellungsbüro, Hamburg | www.buch-herstellungsbuero.de
Druck und Bindung: Salzland Druck GmbH, Staßfurt

Wir drucken in Deutschland.

www.gabal-verlag.de
www.facebook.com/Gabalbuecher
www.instagram.com/gabalbuecher

»Ich bin nicht das Ergebnis
der äußeren Umstände.
Ich bin das Ergebnis
meiner eigenen Entscheidungen!«
Stephen R. Covey

Inhalt

Willkommen an Bord: Leinen los zu effektivem Self-Leadership

In einer Welt voller Herausforderungen, Hektik und Alltagszwängen ist effektives Self-Leadership von entscheidender Bedeutung, um ein selbstbestimmtes, sinnerfülltes Leben zu führen. Doch wie macht man das? Was kannst du tun, damit nicht andere Menschen, fremde Terminkalender oder äußere Umstände über dein Leben bestimmen? Wie schaffst du es, dein Leben aktiv zu gestalten, deiner inneren Stimme zu folgen und deine Träume zu verwirklichen? Dieses Buch ist der Schlüssel dazu. Es basiert auf den weltbekannten **7 Wegen zur Effektivität**. Die 7 Wege haben schon Millionen von Menschen zu privatem Glück und beruflichem Erfolg verholfen. Sie werden es auch dir ermöglichen, das Leben zu führen, das du wirklich willst.

Im Buch werden wir uns jeden einzelnen Weg ganz genau ansehen. Dabei steht die folgende Frage immer im Mittelpunkt:

> *»Wie kann ich diesen Weg praktisch nutzen, um meine Selbstwirksamkeit zu erhöhen und von allen Vorteilen von effektivem Self-Leadership zu profitieren?«*

Falls du »Die 7 Wege zur Effektivität« noch nicht kennst, findest du auf den nächsten Seiten einen ersten kurzen Überblick mit einigen grundlegenden Erläuterungen.

Die 7 Wege auf einen Blick

1. Weg: Pro-aktiv sein

Bestimme deinen Kurs selbst. Lass die Opferrolle hinter dir. Ergreife die Initiative. Triff bewusste Entscheidungen, um pro-aktiv Einfluss auf dein Leben zu nehmen.

2. Weg: Schon am Anfang das Ende im Sinn haben

Erfinde dich und dein Leben neu. Gewinne Klarheit über deine Werte und Ziele. Erstelle dein persönliches Leitbild. Ergründe den tieferen Sinn deines Lebens. Lege fest, was du wirklich aus deinem Leben machen willst.

3. Weg: Das Wichtigste zuerst tun

Mach das, was dich wirklich weiterbringt. Setze eindeutige Prioritäten. Weise überflüssige Zeit-Fresser in die Schranken. Nutze deine Zeit effektiv und konzentriere dich auf das Wesentliche.

4. Weg: Win-Win-Denken

Entwickle eine Überfluss-Mentalität. Setze nicht auf Konkurrenz, sondern auf Kooperation. Strebe nach Win-Win-Lösungen, die auf gegenseitigem Nutzen basieren. Baue langfristige, vertrauensvolle Beziehungen auf.

5. Weg: Erst verstehen, dann verstanden werden
Bringe deine Kommunikation auf ein völlig neues Level. Entdecke die Kunst des einfühlsamen, vertrauensvollen Zuhörens. Versuche, die Sichtweise anderer zu verstehen, bevor du deine eigene Meinung vorbringst.

6. Weg: Synergien schaffen
Werde zum Teamplayer. Akzeptiere, dass andere anders sind als du. Schätze Unterschiede. Nutze die Stärken anderer, um deine Schwächen auszugleichen. Schaffe Synergien und entwickle kreative Lösungen, um gemeinsam weitaus mehr zu erreichen als allein.

7. Weg: Die Säge schärfen
Nimm dir Zeit für dich und deine Weiterentwicklung. Tu deinem Körper, deinem Verstand, deinem Herzen und deiner Seele etwas Gutes. Kümmere dich um dich selbst, um dauerhaft glücklich, fit und leistungsfähig zu sein.

Wenn du dir die **7 Wege** näher ansiehst, wirst du wahrscheinlich bemerken, dass die Reihenfolge kein Zufall ist. Im Gegenteil: Die 7 Wege bauen systematisch aufeinander auf. Bei den Wegen 1 bis 3 stehst du selbst im Mittelpunkt. Hier geht es um deinen »privaten«, um deinen ganz *persönlichen Erfolg*. Bei den Wegen 4 bis 6 dreht sich dann alles um deine Beziehungen zu anderen, um deinen *öffentlichen Erfolg*. **Private Erfolge** gehen **öffentlichen Erfolgen** voraus. Dieser Prozess verläuft von innen nach außen. Er lässt sich ebenso wenig umkehren, wie man vor dem Säen ernten kann. Und der 7. Weg? *Der 7. Weg steht über allen anderen.* Hier geht es um deine **Erneuerung**, dein Fresh-up, deine regelmäßigen Auszeiten, um dir neue Inspiration zu holen und deinen Akku wieder aufzuladen. Das gibt dir die nötige Kraft und Energie, um die anderen 6 Wege erfolgreich zu beschreiten.

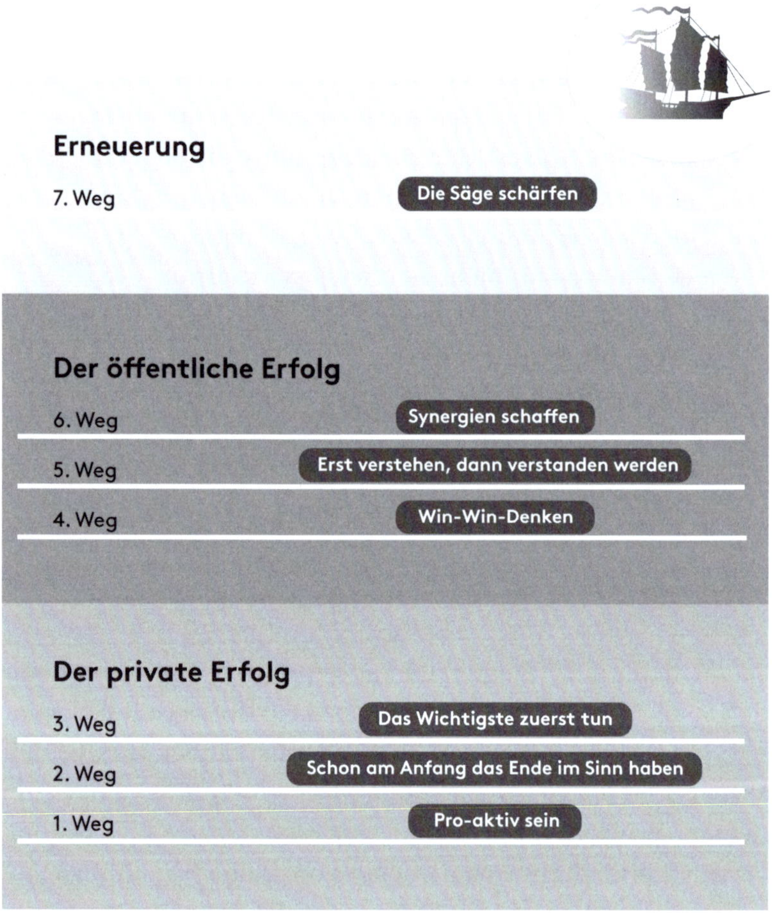

Nutze den Wind der Veränderung

Die 7 Wege sind wie die Segel eines Schiffes. Sie helfen dir, den Wind der Veränderung zu nutzen, den gewünschten Kurs einzuschlagen und deine Lebensziele sicher zu erreichen. Warum das so ist? Die 7 Wege funktionieren so gut, weil sie zeitlose, allgemeingültige **Prinzipien** verkörpern. Diese Prinzipien sind ebenso zuverlässig und unumstößlich wie Naturgesetze. Viele der Prinzipien, auf denen die 7 Wege beruhen, sind fest in uns verwurzelt – in unserem Gewissen und in unserem gesunden Menschenverstand. Im folgenden Kasten findest du einige dieser Prinzipien. Unterstreiche bitte die Prinzipien, die dir ganz spontan besonders wichtig erscheinen:

Ehrlichkeit ⚓ Liebe ⚓ Fleiß ⚓ Respekt

Dankbarkeit ⚓ Bescheidenheit

Gerechtigkeit ⚓ Integrität ⚓ Loyalität

Verantwortungsbewusstsein ⚓ Geduld

Mitgefühl ⚓ Lernen ⚓ Zuverlässigkeit

Großzügigkeit ⚓ Achtsamkeit ⚓ Toleranz

Freiheit ⚓ .... ⚓ ....

.... ⚓ .... ⚓ ....

.... ⚓ ....

Natürlich gibt es noch viel mehr Prinzipien. Sicher vermisst du im Kasten oben noch das eine oder andere Prinzip, das maßgeblich für dich ist. Trage diese Prinzipien gleich in den Kasten ein. Nimm dir gerne etwas Zeit, um darüber nachzudenken, welche Prinzipien dir besonders am Herzen liegen.

Setze auf die Kraft der Prinzipien

Prinzipien sind keine Frage des Glaubens, der Herkunft oder der Nationalität. Prinzipien lassen sich nicht widerlegen oder relativieren. Sie gelten immer und überall – für jeden von uns. Da gibt es keine Ausnahme. Wer diese Prinzipien missachtet, wird früher oder später scheitern. Nehmen wir zum Beispiel Fleiß: Du kannst nicht einfach so tun, als ob du perfekt Golf spielen, Ski fahren, Englisch sprechen oder Tango tanzen könntest. Du musst fleißig sein, um es zu lernen. Darum kommst du nicht herum. Denn Fleiß ist ein Prinzip. Oder stell dir mal vor, wie es wäre, ein Leben zu führen, das permanent gegen diese Prinzipien verstößt: Könnten Ungerechtigkeit, Lügen, Betrug, Mittelmäßigkeit oder Rückschritt tatsächlich eine verlässliche Grundlage für dauerhaftes Glück und anhaltenden Erfolg sein? Auf lange Sicht bestimmt nicht.

»Prinzipien sind wie ein Kompass. Sie zeigen uns die richtige Richtung – egal, wo wir uns befinden.«

Stephen R. Covey

Lass uns gemeinsam aufbrechen!

Die 7 Wege und die Prinzipien, auf denen sie beruhen, lassen dich nicht im Stich. Schritt für Schritt führen sie dich näher an dein Ziel, mehr Selbstwirksamkeit, Selbstbestimmung, Sinn und Glück in dein Leben zu bringen. Damit dir das auch wirklich gelingt, warten in diesem Buch jede Menge Selbsttests, Checklisten, Fragebögen, Übungen und Praxis-Hacks auf dich. Denn: Effektives Self-Leadership steht und fällt mit der Umsetzung im Alltag. Also lass uns den Kurs festlegen, die Segel setzen und gemeinsam in Richtung eines selbstbestimmten, sinnerfüllten Lebens aufbrechen!

Buchtipp: Die 7 Wege zur Effektivität
In diesem Buch erfährst du, wie du die 7 Wege für effektives Self-Leadership nutzen und so ein selbstbestimmtes, sinnerfülltes Leben führen kannst. Wenn du mehr über die 7 Wege wissen willst, kannst du gerne den Weltbestseller **»Die 7 Wege zur Effektivität«** lesen. Alles Wissenswerte erfährst du unter www.stephencovey.de.

TEST: Was sind die größten Hindernisse für effektives Self-Leadership?

Viele träumen davon, ein selbstbestimmtes, sinnvolles Leben zu führen. Dennoch schaffen es nur die wenigsten. Woran das liegt? Mach den Test und finde es heraus! Frag dich: Wer oder was hindert mich daran, mein Leben selbst in die Hand zu nehmen? Was sind die höchsten Hürden, wenn es darum geht, meine Ziele zu erreichen und meine Träume zu verwirklichen? Kreuze bitte alle Dinge an, die auf dich zutreffen.

• TEST •

Wer oder was steht mir im Weg?

- ☐ Übertriebener Perfektionismus
- ☐ Geringes Selbstvertrauen
- ☐ Zeitprobleme
- ☐ Mangelndes Talent
- ☐ Zu niedriges Einkommen
- ☐ Antriebslosigkeit

❑ Zu wenig Unterstützung
❑ Familiäre Verpflichtungen
❑ Soziales Umfeld
❑ Herkunft und Gene
❑ Unsichere politische Lage
❑ Vorgesetzter oder Vorgesetzte
❑ Arbeitskollegen
❑ Fehlendes Fachwissen

Was fällt mir noch ein?

Sicher gibt es noch einige weitere Dinge, die dir im Weg stehen. Bitte trag alles, was dir noch einfällt, in die folgende Liste ein:

Der stärkste Hebel für ein selbstbestimmtes, sinnerfülltes Leben

Hast du die größten Stolpersteine auf deinem Weg zu effektivem Self-Leadership gefunden? Die gute Nachricht: Es gibt einen einzigen Punkt, an dem du ansetzen kannst, um alle diese Stolpersteine aus dem Weg zu räumen. Welcher Punkt das ist? Dieser Punkt bist du selbst:

Du

bist der

stärkste Hebel

für ein selbstbestimmtes,
sinnerfülltes Leben!

Wenn du dir das bewusst machst, verändert das einfach alles! Die Sache hat allerdings einen kleinen Haken. Denn ab sofort gibt es keine Ausreden mehr:

- Es liegt **nicht** an deinen Genen, wenn du dich morgens zu nichts aufraffen kannst.
- Es liegt **nicht** an deiner Ausbildung, wenn du im Job nicht vorankommst.
- Es liegt **nicht** an deinen Arbeitskollegen, wenn du keine Freude an deinem Beruf hast.
- Es liegt **nicht** am Wetter, wenn du es nicht schaffst, zum Joggen zu gehen.
- Es liegt **nicht** an deinem Partner oder deiner Partnerin, wenn es in deiner Beziehung nicht gut läuft.

Natürlich spielen all diese Faktoren eine Rolle. Aber am Ende liegt es allein an dir, was du daraus machst.

»Du bist nicht das Ergebnis der äußeren Umstände. Du bist das Ergebnis deiner eigenen Entscheidungen!«
Stephen R. Covey

Ganz ehrlich: Damit du dein Leben in die eigene Hand nehmen kannst, reichen positives Denken oder motivierende Zitate allein nicht aus. Worauf es wirklich ankommt? Auf deine **Paradigmen**!

Paradigmen machen den Unterschied!

Paradigmen sind im Grunde nichts anderes als Denkmuster, Glaubenssätze oder Vorurteile. Sie bestimmen, wie wir die Welt »sehen«. Dabei geht es jedoch nicht um unsere visuelle Wahrnehmung, sondern um das Aufnehmen, Verstehen und Interpretieren von den Dingen, die um uns herum passieren. Wie groß der Einfluss unserer Paradigmen auf unser Denken und auf unser Verhalten ist, zeigt die folgende kleine Geschichte:

So kann man sich täuschen!

Die Filialleiterin eines großen Sportgeschäfts hörte, wie ein Verkäufer zu einer Kundin sagte: *»Das sieht wirklich nicht gut aus. Wir warten auch schon sehnsüchtig darauf. Aber ich fürchte, dass wir nicht so bald damit rechnen können. Leider!«*

Die Filialleiterin war entsetzt. Wie konnte der Verkäufer nur so etwas sagen. Sie rannte der Kundin, die bereits auf dem Weg zum Ausgang war, nach. Atemlos rief sie: *»Nein, das stimmt nicht. Wir haben natürlich sofort nachbestellt! Die Lieferung ist schon so gut wie im Haus.«*

Die Kundin lachte und sagte: *»Sie haben echt Humor!«* Dann verließ sie zügig den Laden.

Die Filialleiterin knöpfte sich den Verkäufer vor. Wütend meinte sie: *»Geben Sie NIEMALS zu, dass wir etwas nicht haben. Wenn wir irgendetwas nicht am Lager haben, dann sagen Sie, dass wir es bestellt haben und zeitnah mit der Lieferung rechnen! Haben Sie das verstanden?! Was genau wollte die Kundin eigentlich?«*

»Schnee!«, antwortete der Verkäufer.

Die Filialleiterin war sprachlos. Dann stammelte sie: *»Oh*

mein Gott! Wie peinlich ist das denn?! Die Kundin denkt jetzt sicher, dass ich total verrückt bin!«

Ist es dir auch schon oft so ergangen wie der Filialleiterin? Immer wieder schätzen wir Situationen völlig falsch ein. Wir treffen Annahmen über uns, andere Menschen oder bestimmte Situationen. Oft sind wir uns einer Sache hundertprozentig sicher, nur um anschließend festzustellen, dass wir uns gründlich geirrt haben. Woran das liegt? An unseren Paradigmen!

Komm deinen Paradigmen auf die Spur!

Was passiert, wenn du fehlerhafte Paradigmen über dich selbst, über andere oder über das Leben ganz allgemein hast? Dann ist es so, als ob du eine Brille mit der falschen Dioptrienzahl auf der Nase hättest. Du siehst die Welt verzerrt, verschwommen oder unvollständig. Hier ein klassisches Beispiel für ein verzerrtes Paradigma, das du über dich selbst haben könntest:

> *»Meine Stimme klingt total komisch. Ich habe einfach kein Talent, um Reden oder Vorträge zu halten. Wenn ich eine Präsentation vor mehreren Leuten halten soll, geht das immer schief!«*

Mit verzerrten Paradigmen stellst du dir meist selbst ein Bein. Deshalb ist es wichtig, dass du diesen hinderlichen Glaubenssätzen auf die Spur kommst. Bitte nimm dir Zeit, um über die folgende Frage nachzudenken. Schreib deine Antworten unbedingt auf:

Welche Paradigmen hindern mich daran, ein selbstbestimmtes, sinnerfülltes Leben zu führen:

Paradigmen wirken immer

Ob im negativen oder im positiven Sinne: Paradigmen wirken immer. Falls du dich für unsportlich hältst, werden dir sofort jede Menge Beweise dafür einfallen. Und was ist, wenn du dich als ziemlich fit einstufst? In dem Fall wirst du sicher sehr viele Dinge finden, die genau das bestätigen. Es ist ganz einfach:

Du bekommst das, was du siehst!

Wir glauben, dass wir objektiv sind und die Dinge so sehen, wie sie tatsächlich sind. Aber das stimmt nicht:

**Niemand sieht die Welt so,
wie sie ist.
Wir sehen die Welt so,
wie wir sind.**

**Und: Auf der Art und Weise,
wie wir die Dinge sehen,
basiert unser gesamtes Denken
und Handeln!**

Deshalb ist es enorm wichtig, dass du dir deine grundlegenden Paradigmen, Glaubenssätze und Vorurteile bewusst machst. Je klarer du dir darüber bist, wie sehr sie dich beeinflussen, desto besser kannst du sie analysieren und mit der Realität abgleichen. Das führt oft zu verblüffenden Erkenntnissen. Plötzlich »siehst« du die Dinge um dich herum völlig anders. Und vieles, was dich bisher daran gehindert hat, dein Leben selbst in die Hand zu nehmen, ist auf einmal gar kein wirkliches Problem mehr! Diese Erkenntnis solltest du auf jeden Fall im Hinterkopf behalten, wenn wir uns nun näher mit den 7 Wegen für effektives Self-Leadership befassen. Das wird es dir wesentlich leichter machen, die 7 Wege zu verstehen und erfolgreich in deinem Leben umzusetzen.

1. Weg

Pro-aktiv sein

Bestimme deinen Kurs selbst

»Du wirst von deinen Genen beeinflusst,
von deiner Erziehung und von deinem Umfeld.
Aber du wirst nicht von diesen Dingen bestimmt!«
Stephen R. Covey

Pro-Aktivität als Schlüssel zu effektivem Self-Leadership

Es war auf Hawaii, während eines Forschungssemesters. Ich schlenderte durch die Regalreihen einer Bibliothek. Plötzlich weckte ein Buch mein Interesse. Ich nahm es und blätterte darin herum. Zufällig fiel mein Blick auf drei Sätze. Diese drei Sätze waren für mich wie eine Offenbarung:

> Zwischen Reiz und Reaktion gibt es einen Raum.
>
> In diesem Raum hat der Mensch die Freiheit zu wählen und seine Reaktion selbst zu bestimmen.
>
> In dieser Freiheit liegen unser Wachstum und unser Glück.

Was auch immer passiert: Wir müssen nicht sofort darauf reagieren. Zwischen dem, was um uns herum geschieht, und unserer Reaktion gibt es einen Raum. Dieser Raum verschafft uns die Freiheit, innezuhalten und uns bewusst für eine Reaktion zu entscheiden. Die Möglichkeit, diesen Raum zu nutzen und unsere Reaktion selbst zu bestimmen, ist der Schlüssel zu unserer Selbstwirksamkeit, zu unserem Wachstum und unserem Glück. Diese Erkenntnis brannte sich für immer in mein Gedächtnis ein. Daraus wurde das Fundament der 7 Wege!

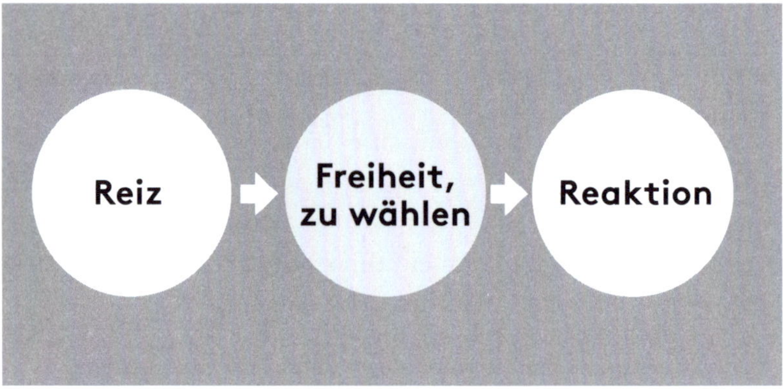

Entdecke deine Freiheit!

Leider wissen die meisten Menschen nicht, dass es diesen Raum zwischen Reiz und Reaktion gibt. Sie kennen ihre eigene Freiheit nicht. Ihnen ist nicht bewusst, dass sie selbst entscheiden können, wie sie reagieren wollen. Deshalb verhalten sie sich nicht **pro-aktiv**, sondern **re-aktiv**. Pro-aktiv, was heißt das genau? Hier eine kurze Definition:

1. Weg: Pro-aktiv sein

Pro-aktiv sein bedeutet, den Kurs seines Lebens selbst zu bestimmen und bewusst zu handeln, anstatt nur auf irgendwelche Umstände oder andere Menschen zu reagieren. Es geht darum, sich nicht von *äußeren* Einflüssen bestimmen zu lassen, sondern aus seinen *innersten* Prinzipien, Werten und Überzeugungen heraus zu agieren. Effektives Self-Leadership beginnt in dem Augenblick, in dem du erkennst, dass du die Freiheit hast, pro-aktiv zu sein und dein Leben nach deinen eigenen Wünschen und Vorstellungen zu gestalten.

Pro-aktiv oder re-aktiv: Wo liegt der Unterschied?

Den Unterschied zwischen einem pro-aktiven und einem reaktiven Menschen kann man sehr gut mit dem folgenden kleinen Experiment veranschaulichen.

Das Flaschen-Experiment

Stell dir vor, du hältst zwei Flaschen in deinen Händen:

- In der rechten Hand hast du eine Colaflasche.
- In der linken Hand hältst du eine Flasche mit stillem Wasser.

Nun beginnst du, die beiden Flaschen wie wild zu schütteln. Was passiert dann? Die Colaflasche ist voller Schaum und

Blasen. Wenn du sie öffnest, zischt es und die Cola sprudelt in hohem Bogen über. Ganz anders ist es bei der Flasche mit dem stillen Wasser. Hier tut sich nicht viel. Keine Blasen. Kein Schaum. Auch wenn du die Flasche öffnest, sprudelt das Wasser nicht über.

☸ ☸ ☸

Das Experiment mit den beiden Flaschen zeigt: Re-aktive Menschen lassen sich von ihren Gefühlen leiten. Sie sind wie Colaflaschen: Sobald das Leben sie etwas durchschüttelt, stehen sie so stark unter Druck, dass sie plötzlich explodieren. Oder anders gesagt: Re-aktive Menschen handeln aufgrund der äußeren Reize. Sie reagieren *reflexartig,* ohne sich die Konsequenzen ihres Verhaltens wirklich bewusst zu machen.

»Reaktive Menschen fühlen sich als Opfer, die keinerlei Kontrolle über ihr Leben und ihr Schicksal haben. Sie suchen die Schuld an ihrer Situation nicht bei sich selbst, sondern bei anderen Leuten, den äußeren Umständen oder sogar bei den Sternen.«
Stephen R. Covey

Pro-aktive Menschen dagegen sind völlig anders. Sie *denken nach,* bevor sie handeln. Natürlich ist ihnen bewusst, dass sie nicht über alles, was ihnen passiert, die Kontrolle haben. Sie wissen aber auch, dass sie die Kontrolle über ihre eigenen Reaktionen haben. Pro-aktive Menschen sind wie stilles Mineralwasser. Egal, wie sehr man sie auch schüttelt: Es tut sich nichts. Kein Zischen. Kein Blubbern. Kein Übersprudeln. Sie bleiben ruhig, gelassen, selbstbestimmt und souverän. Denn: Pro-aktive Menschen haben die Kontrolle über ihr Verhalten! Sie nutzen den Raum zwischen Reiz und Reaktion und halten inne. Sie denken in Ruhe nach und *entscheiden sich dann bewusst* für ein Verhalten, das im Einklang mit ihren Zielen, Werten und Prinzipien steht. Sie sagen sich:

- Ich re-agiere nicht einfach auf das, was andere sagen oder machen.
- Ich bestimme selbst, was ich denke, was ich fühle und was ich tue.
- Ich lasse mich von dem, was irgendein anderer tut oder lässt, nicht aus der Ruhe bringen.
- Ich ziehe mir den Opferschuh nicht an!

Re-aktiv oder pro-aktiv: Die Unterschiede auf einen Blick

Re-aktive Menschen werden von ihren Gefühlen, ihrem Umfeld und den äußeren Umständen getrieben. Wenn das Wetter gut ist, fühlen sie sich gut. Ist das Wetter schlecht, fühlen sie sich schlecht. Behandeln andere sie gut, fühlen sie sich gut. Und wenn nicht? Dann fühlen sie sich schlecht. Pro-aktiven Menschen dagegen ist es völlig egal, ob es regnet oder ob die Sonne scheint. Sie bringt nichts und niemand so leicht aus dem Gleichgewicht. Wenn Probleme auftauchen, stecken sie den Kopf auch nicht einfach in den Sand oder wälzen die Verantwortung auf andere ab. Stattdessen nehmen sie sich Zeit, um in Ruhe nachzudenken und eine gute Lösung zu finden, die mit ihren Zielen, Werten und Prinzipien im Einklang steht. Die folgende Tabelle gibt dir einen kurzen Überblick über die wichtigsten Unterschiede zwischen re-aktiven und pro-aktiven Menschen:

RE-AKTIVE MENSCHEN …	PRO-AKTIVE MENSCHEN …
sind passiv und fühlen sich häufig als Opfer.	sind aktiv und sehen sich als Gestalter ihres Lebens.
gehen Schwierigkeiten aus dem Weg und vermeiden es, sich Herausforderungen zu stellen.	nehmen Herausforderungen an und betrachten sie als Chancen für ihre persönliche Weiterentwicklung.
warten ab und reagieren erst auf Probleme, wenn es eigentlich schon zu spät ist.	packen die Dinge beherzt an und lösen Probleme frühzeitig.
schieben anderen gerne die Schuld für ihre Fehler und ihre Probleme in die Schuhe.	übernehmen ohne Wenn und Aber die Verantwortung für das, was sie sagen und tun.
lassen zu, dass andere oder die äußeren Umstände ihre Stimmung beeinflussen.	machen ihre Stimmung nicht von anderen oder den äußeren Umständen abhängig.
lassen sich einfach treiben.	planen umsichtig und setzen sich klare Ziele.
sind unentschlossen und unsicher.	sind entscheidungsfreudig.
brauchen Anreize von außen.	werden von innen heraus motiviert.

denken eher pessimistisch.	denken eher optimistisch.
kommunizieren defensiv, teilweise sogar passiv-aggressiv.	kommunizieren klar, effektiv und einfühlsam.
haben kaum oder keine Kontrolle über ihre Gefühle und lassen sich von ihren Emotionen leiten.	haben ihre Emotionen im Griff und handeln auf der Grundlage ihrer Ziele, Werte und Prinzipien.

Drück die Pausentaste!

II PAUSE II

Wie schaffst du es, pro-aktiv zu sein und auch in herausfordernden Situationen selbstbestimmt und souverän zu bleiben? Dabei hilft dir ein ganz einfacher Trick: Stell dir vor, du hättest eine **Pausentaste**. Sobald du bemerkst, dass du gerade im Begriff bist, dich von deinen Emotionen zu unüberlegten Reaktionen hinreißen zu lassen, drückst du auf deine imaginäre Pausentaste. So kannst du den Raum zwischen Reiz und Reaktion gezielt nutzen. Das schenkt dir die Freiheit, überlegt und pro-aktiv zu handeln.

Deine Sprache sagt alles über dich

Ob jemand pro-aktiv oder re-aktiv ist, kann man sehr gut an seiner Sprache erkennen. Re-aktive Menschen bringen mit ihren Worten zum Ausdruck, dass sie keine Verantwortung übernehmen wollen und die Schuld lieber woanders suchen.

Die folgenden Formulierungen sind typisch für re-aktive Menschen:

»So bin ich einfach.«

▶ Das heißt in Wirklichkeit:

»Ich werde von meinen Genen bestimmt. Es gibt nichts, was ich daran ändern könnte!«

»Das macht mich echt wütend!«

▶ Das heißt in Wirklichkeit:

»Ich bin nicht verantwortlich. Meine Emotionen werden von etwas gesteuert, das außerhalb meiner Kontrolle liegt.«

Eine re-aktive Sprache ist ein ernstes Problem. Denn sie wird zu einer sich **selbst erfüllenden Prophezeiung**. Re-aktive Menschen werden in ihrem Glauben bestätigt, dass sie fremdbestimmt sind. Mehr noch: Sie liefern sich selbst Beweise, die diese Vorstellung untermauern. Das führt dazu, dass sie sich immer mehr als Opfer fühlen, die keine Kontrolle über ihr Leben und ihr Schicksal haben.

Du kannst dich jeden Tag frei entscheiden!

Du und ich, wir haben jeden Tag mehrmals die Chance, uns zu entscheiden. Wir können frei wählen, ob wir pro-aktiv oder re-aktiv sein wollen. Nimm einfach irgendeinen x-beliebigen Tag. Vielleicht ist das Wetter grottenschlecht, jemand schickt dir eine doofe Textnachricht, deine Kollegen wälzen unangenehme Aufgaben auf dich ab, deine Tochter oder dein Sohn hat eine Fünf in Chemie oder deine bessere Hälfte hat so richtig schlechte Laune; weil es im Job nicht gut läuft. Was machst du dann? Bist du extrem genervt und lässt dir den Tag vermiesen? Oder unternimmst du von dir aus etwas und suchst pro-aktiv nach einer Lösung? Es ist deine Entscheidung. Du musst nicht so reagieren, wie es alle anderen tun würden oder wie man es von dir erwartet. Hier kommen zwei praktische Beispiele:

Die Sache mit den Party-Bildern

Du siehst in den sozialen Medien brandneue Party-Bilder von deiner besten Freundin. Sie scheint wirklich viel Spaß gehabt zu haben. Das Problem dabei? Eigentlich wolltet ihr an dem Abend gemeinsam weggehen. Doch deine Freundin hat abgesagt, weil sie angeblich total müde war und ganz früh ins Bett gehen wollte. Deshalb bist du auch zu Hause geblieben und hast dir deine Lieblingsserie bei Netflix angesehen. Eigentlich war dein Abend ganz okay, aber nachdem du die Party-Bilder deiner Freundin gesehen hast, fühlst du dich hintergangen und bist verletzt. Nun hast du 2 Möglichkeiten. Du kannst re-aktiv oder pro-aktiv mit der Sache umgehen.

Re-aktives Verhalten

Du bist traurig und am Boden zerstört, weil deine Freundin so fies zu dir war. Aus lauter Verzweiflung stopfst du dich mit Süßigkeiten voll und lässt deine schlechte Laune an deiner Familie aus.

- Du beschließt, dass deine Freundin eine gemeine Lügnerin ist. Deshalb entfolgst du ihr in den sozialen Medien und sprichst kein Wort mehr mit ihr.
- Du zahlst es deiner Freundin heim, indem du bei anderen total fies über sie lästerst und nichts mehr gemeinsam mit ihr unternimmst.

Pro-aktives Verhalten

- Du tröstest dich damit, dass dein Abend auch ohne deine Freundin schön war. Deshalb nimmst du ihr die Sache nicht weiter krumm und gibst ihr eine zweite Chance.
- Du lässt dir die Laune nicht verderben. Stattdessen trommelst du deine anderen Freundinnen zusammen und ihr macht euch einen tollen Mädelsabend.
- Du sprichst deine Freundin direkt auf die Party-Bilder an und sagst ihr, wie schlecht sich das für dich anfühlt.

Was für eine Ungerechtigkeit

Du arbeitest jetzt schon über drei Jahren in deinem Job. In der ganzen Zeit warst du extrem engagiert und zuverlässig. Vor gut einem Jahr ist ein neuer Kollege dazugekommen. Er ist nicht besser als du. Aber er ist ein wahrer Meister in Selbst-PR. Nun hat er die Beförderung bekommen, auf die du so sehr gehofft hattest.

Re-aktives Verhalten

- Du jammerst deinen Arbeitskollegen, deiner Familie und deinen Freunden vor, wie gemein und ungerecht das ist.
- Du schaust dem Neuen sehr genau auf die Finger. Sobald er einen Fehler macht, wirst du das der Geschäftsleitung melden.
- Du kündigst innerlich und arbeitest ab sofort nur noch mit halbem Einsatz.

Pro-aktives Verhalten

- Du fragst deinen Vorgesetzten, warum der Neue die Beförderung bekommen hat und was du konkret tun kannst, um ebenfalls befördert zu werden.
- Du machst Schluss mit falscher Bescheidenheit. Damit du bei der nächsten Beförderung ganz oben auf der Liste stehst, stellst du dein Licht nicht länger unter den Scheffel, sondern zeigst klar, was du alles für das Unternehmen leistest.
- Du kommst zu dem Schluss, dass der Job eine Sackgasse für dich ist, und siehst dich schnellstmöglich nach etwas Besserem um.

Pro-Aktivität braucht Einfallsreichtum und Kreativität

Pro-aktive Menschen handeln, anstatt nur darauf zu warten, dass andere etwas tun. Sie ergreifen die Initiative und nehmen die Dinge selbst in die Hand. Das bedeutet nicht, aufdringlich, aggressiv oder unfreundlich zu sein. Vielmehr heißt es, mit Einfallsreichtum und Kreativität dafür zu sorgen, dass die Dinge sich so entwickeln, wie du es dir wünschst. Je öfter du pro-aktiv bist, desto größer wird der Raum zwischen Reiz und Reaktion und desto größer wird deine Freiheit. Das ist ein Naturgesetz.

Aber was passiert, wenn du deine Entscheidungsmacht nicht oder nur selten nutzt? Dann wird der Raum zwischen Reiz und Reaktion immer kleiner. Irgendwann ist er ganz verschwunden. Dann reagierst du nur noch blind auf das, was von außen an dich herangetragen wird. Du bist nicht mehr selbst-, sondern fremdbestimmt. Damit dir das nicht passiert, wartet auf den nächsten Seiten ein Praxis-Training in Sachen Pro-Aktivität auf dich. Also, sei pro-aktiv. Lies die folgenden Tipps und Übungen nicht nur durch, sondern probier sie gleich aus. Trainiere deine pro-aktiven Muskeln. Vergrößere den Raum zwischen Reiz und Reaktion und sorge dafür, dass du den Kurs für dein Leben in Zukunft selbst bestimmen kannst!

1. Weg

PRAXIS-TRAINING

Pro-aktiv sein

Nutze den Raum zwischen Reiz und Reaktion!

Der entscheidende Schritt zur Pro-Aktivität ist, dass du den Raum zwischen Reiz und Reaktion gezielt nutzt. Mit den folgenden Tipps ist das leichter als gedacht. Sie helfen dir, auch in herausfordernden Situationen gelassen und souverän zu bleiben:

- Mach dir klar, was dich stresst und aus der Fassung bringt. Das hilft dir, negative Gedanken frühzeitig zu stoppen.

- Achte auf die Warnsignale deines Körpers. Wie fühlt es sich an, wenn Aufregung in dir hochsteigt? Ballst du die Fäuste? Schlägt dein Herz schneller? Bekommst du Schnappatmung? Wird deine Stimme schrill und laut?

- Wenn du in einem Gespräch merkst, dass du gleich explodierst, dann drück die Pausentaste. Hör auf zu sprechen. Stell dir eine wunderschöne, friedvolle Landschaft vor oder zähle rückwärts. Atme länger aus als ein. Entspanne deine Muskeln. Wiederhole im Geiste immer wieder die folgenden Worte: *»Ich entscheide mich, nicht wütend zu sein. Ich habe meine Gefühle unter Kontrolle!«* Wenn möglich, bitte den anderen um eine kurze Gesprächspause.

- Versuche die Situation mit Humor zu nehmen. Verzichte aber auf Ironie und Sarkasmus.

- Überleg dir, was passiert, wenn du die Kontrolle verlierst und wütend wirst. Ist es das wirklich wert?

- Mach dir klar, warum es sich nicht lohnt, wütend zu werden. Nutze dafür einen der folgenden Sätze und wiederhole ihn mehrfach in Gedanken:

  »Wut bringt mich jetzt nicht weiter. Ich erreiche viel mehr, wenn ich ruhig bleibe.«

  »Ich kann nicht kontrollieren, was andere sagen oder tun. Aber ich kann mich selbst kontrollieren!«

Alternativ kannst du auch deinen ganz persönlichen Pro-Aktivitäts-Satz formulieren, der dir hilft, in stressigen Situationen ruhig zu bleiben.

Mein persönlicher Pro-Aktivitäts-Satz:

Achte auf deine Sprache!

Re-aktive Menschen sprechen wie Opfer. Pro-aktive Menschen dagegen signalisieren mit ihren Worten, dass sie selbst entscheiden, was sie denken, fühlen und tun. Die folgende Tabelle zeigt dir den Unterschied.

RE-AKTIVE SPRACHE	PRO-AKTIVE SPRACHE
So bin ich einfach.	Ich kann mich ändern!
Du machst mich so wütend.	Ich habe die Kontrolle über meine Gefühle!
Ich muss ...	Ich mache das, weil es mich meinen Zielen näher bringt!
Die Sache läuft wirklich nicht gut für mich. Ich gebe auf.	Ich finde einen Weg, damit die Dinge sich in die gewünschte Richtung entwickeln!
Mann, bin ich doof!	Ups! Da ist was schiefgelaufen. Das kann ich besser!

• Aus re-aktiv wird pro-aktiv! •

Wenn du pro-aktiv werden willst, dann fang am besten mit deiner Sprache an. Lies die folgenden re-aktiven Sätze durch. Schreib die Sätze dann so um, dass sie pro-aktiv sind. Gerne kannst du die Tabelle auch mit eigenen Beispielen ergänzen.

RE-AKTIV	PRO-AKTIV
Ich mache wieder Sport, sobald ich weniger Stress im Job habe.	
Wenn mein Chef nicht so ein Idiot wäre, könnte ich wesentlich bessere Leistungen bringen.	
Ich habe keine Ahnung, wie das gehen soll.	
Ich habe einfach nicht genügend Zeit.	
Mein Partner oder meine Partnerin treibt mich in den Wahnsinn.	

RE-AKTIV	PRO-AKTIV
…………………… ……………………	
…………………… ……………………	

Der Trick mit den Satz-Startern

Achte in der nächsten Zeit genau auf deine Worte. Ersetze reaktive Formulierungen bewusst durch pro-aktive Aussagen. Nutze dazu die folgenden Satz-Starter:

- »Ich entscheide mich dazu …«
- »Ich will …«
- »Ich kann …«

Du wirst sehen: Sobald deine Sprache pro-aktiv ist, ändert sich auch deine Einstellung. Dann fühlst du dich nicht mehr als Opfer und hast viel mehr Spaß daran, die Dinge selbst in die Hand zu nehmen!

Erweitere deinen Einflussbereich!

Vielleicht kennst du das folgende Gelassenheitsgedicht des US-amerikanischen Theologen Reinhold Niebuhr:

> »Gott, gib mir die Gelassenheit,
> Dinge hinzunehmen,
> die ich nicht ändern kann,
> den Mut, Dinge zu ändern,
> die ich ändern kann,
> und die Weisheit,
> das eine vom anderen
> zu unterscheiden.«

Das ist das Leitmotiv pro-aktiver Menschen. Doch wie kannst du herausfinden, welche Dinge du ändern kannst und welche nicht? Ganz einfach: Unterscheide zwischen deinem **Einflussbereich** und deinem **Interessenbereich**.

Einflussbereich oder Interessenbereich?

Wir alle haben ein großes Spektrum von Interessen: unsere Gesundheit, unsere Familie, Probleme im Job, die Inflation, die Sicherheit der Renten, die Angst vor der Klimakrise oder vor Kriegen zwischen verfeindeten Ländern … All diese Dinge liegen in unserem **Interessenbereich**. Wenn wir uns die Dinge in unserem Interessenbereich näher ansehen, wird deutlich: Über manches haben wir nur wenig oder gar keine

Kontrolle. Doch bei anderen Themen können wir sehr viel bewirken. Genau diese Dinge bilden unseren **Einflussbereich**.

Die Dinge, die du nicht beeinflussen kannst, liegen in deinem **Interessenbereich**. Wenn du Zeit und Energie dafür aufwendest, bringt dich das nicht weiter. In deinem Interessenbereich kannst du nicht viel erreichen. Deshalb: Konzentriere dich in Zukunft auf deinen **Einflussbereich**. Hier kannst du wirklich etwas bewegen. Fang gleich an und mach die folgende Übung.

Was kann ich selbst beeinflussen?

Die gute Nachricht gleich zu Beginn: Du kannst viel mehr Dinge beeinflussen, als du glaubst. Bitte lies die folgende Liste durch und unterstreiche die Dinge, die du besonders effektiv beeinflussen kannst:

meine Paradigmen ⚓ meine Einstellung ⚓ mein Verhalten ⚓ meine Reaktion auf die Dinge, die um mich herum passieren ⚓ ob ich Verantwortung für mich und mein Leben übernehme ⚓ was ich aus meinen Fehlern lerne ⚓ meine Ziele ⚓ meinen Einsatz, um meine Ziele zu erreichen ⚓ wie ich mit anderen umgehe ⚓ wie sinnvoll ich meine Zeit nutze ⚓ wie viel Aufmerksamkeit ich den Menschen schenke, die mir am Herzen liegen ⚓ wie viel Geld ich für unnötige Dinge ausgebe ⚓ was ich für meine Gesundheit und meine Fitness tue ⚓ wie gut ich mich informiere, bevor ich eine Entscheidung treffe ⚓ wie ich mit meinen Gefühlen umgehe

Was ich noch kontrollieren kann

Natürlich gibt es noch weitaus mehr Dinge, die du kontrollieren kannst – zum Beispiel:

- **Karriere:** Statt darauf zu warten, dass sich Möglichkeiten ergeben, kann ich pro-aktiv sein, indem ich mich weiterbilde, Netzwerke aufbaue und pro-aktiv nach neuen beruflichen Kontakten und Chancen suche.

- **Umweltschutz:** Anstatt nur zuzusehen, wie die Umwelt verschmutzt wird, kann ich pro-aktiv sein, indem ich keine überflüssigen Dinge kaufe, mit dem Rad zur Arbeit fahre, Lebensmittel aus regionalem Anbau esse und meinen Müll trenne.

Schreib nun mindestens 2 Dinge auf, die du ab sofort pro-aktiv umsetzen wirst:

1. ______________________________

____

____

2. ______________________________

____

____

Meistere Herausforderungen pro-aktiv!

Denk an eine wichtige Herausforderung, die dich gerade beschäftigt:

Meine Herausforderung:

____

____

____

Was kann ich konkret tun, um mich auf meinen **Einflussbereich** zu **konzentrieren** und die Herausforderung pro-aktiv zu meistern?

____

____

____

»Pro-aktive Menschen konzentrieren sich auf ihren Einflussbereich. Ihre Energie ist positiv, ermutigend und bestärkend.«
Stephen R. Covey

2. Weg

Schon am Anfang das Ende im Sinn haben

Erfinde dich und dein Leben neu

»In jedem von uns steckt die innere Sehnsucht, ein Leben zu führen, das wirklich zählt und einen Unterschied macht!«
Stephen R. Covey

Leben oder gelebt werden? Der 2. Weg macht den Unterschied!

Ich bin ein großer Film- und Theater-Fan. Es fasziniert mich, wie Schauspielerinnen und Schauspieler in verschiedene Rollen schlüpfen und diese mit unglaublicher Leidenschaft, Hingabe und Überzeugungskraft zum Leben erwecken. Doch egal, wie talentiert Schauspieler auch sein mögen: Letztlich sind sie **Marionetten**, die sich an die Vorgaben des Drehbuchs halten müssen. Das Drehbuch legt die Handlung, die Dialoge und den Verlauf der Geschichte fest. Die Schauspieler setzen nur das um, was ihnen vorgeschrieben wird.

Ähnlich wie Schauspielern ergeht es vielen Menschen. Bewusst oder unbewusst halten sie sich an Drehbücher, die ihnen von ihren Eltern, ihrer Familie, ihren Freunden oder der Gesellschaft mitgegeben wurden. Diese Drehbücher bestimmen ihre Gedanken, ihre Entscheidungen und ihr Verhalten. Die gute Nachricht: Niemand muss eine Marionette sein! Natürlich kannst du die Vergangenheit nicht ändern. Aber du kannst das Drehbuch für dein weiteres Leben selbst schreiben. Alles, was du dazu brauchst, bietet dir der 2. Weg zu effektivem Self-Leadership: Schon am Anfang das Ende im Sinn haben.

2. Weg: Schon am Anfang das Ende im Sinn haben

Beim 2. Weg zu effektivem Self-Leadership geht es darum, dass du herausfindest, was du aus deinem Leben machen willst. Der 2. Weg beruht auf dem Prinzip der **VISION**. Visionen sind ungeheuer stark. Sie geben uns die Kraft, die Ausdauer und die Zielstrebigkeit, um aus vorgegebenen Mustern auszubrechen und unser eigenes Lebensdrehbuch zu schreiben. Ein Drehbuch, das im Einklang mit unseren persönlichen Prinzipien, Werten und Zielen steht.

Wer bestimmt über dein Leben?

Wenn du das Drehbuch für dein Leben nicht selbst schreibst, wird das irgendein anderer für dich tun. Wer das sein könnte? Zum Beispiel dein Chef, deine Arbeitskollegen, deine Familie oder deine Freunde:

- Willst du dir deinen Lebensplan von deinen Eltern oder deinen Geschwistern vorgeben lassen?
- Möchtest du dir von deinen Freunden sagen lassen, wofür du stehst?
- Magst du die Werte übernehmen, die dir im Internet, in Soaps oder in den sozialen Medien aufgezwungen werden?

Vielleicht denkst du gerade: »Ich will mir nicht andauernd den Kopf über meine Zukunft zerbrechen. Viel lieber lebe ich im Augenblick und genieße es, mich einfach so treiben zu lassen!« Natürlich spricht nichts dagegen, *im Augenblick zu leben*. Wir alle sollten jeden Augenblick unseres Lebens genießen und uns nicht ständig Sorgen über alles Mögliche machen. Aber uns einfach so treiben lassen? Das sollten wir nicht tun. Dann würden wir dort landen, wo uns die Strömung zufällig hinträgt.

Was willst du wirklich aus deinem Leben machen?

Wer nicht weiß, wohin er wirklich will, folgt oft denjenigen, die bereit sind, das Kommando zu übernehmen. Und er folgt ihnen auch dann, wenn sie in die völlig falsche Richtung gehen. Doch dieser gedankenlose Herdentrieb ist das glatte Gegenteil von effektivem Self-Leadership. Denn:

**Die Straße,
die überallhin führt,
führt am Ende
nirgendwohin!**

Entdecke den wahren Sinn deines Lebens

Sobald du schon am Anfang das Ende im Sinn hast, kannst du die nötigen Schritte unternehmen, um deinem Leben einen tieferen Sinn zu geben und deine Träume zu verwirklichen. Das kann man sehr gut mit dem folgenden Beispiel veranschaulichen:

Was soll das am Ende werden?

Stell dir vor, du willst ein Puzzle machen. Du schüttest die 1000 Teile auf den Tisch. Dann drehst du den Deckel des Kartons um. Denn du willst sehen, was du da zusammenbauen sollst. Aber da ist kein Bild! Wie sollst du ein Puzzle machen, ohne zu wissen, wie es aussieht? Wenn du doch nur ganz kurz das Motiv sehen könntest! Das würde ja reichen. So aber hast du nicht den geringsten Anhaltspunkt, wo du überhaupt anfangen sollst. Jetzt stell dir mal vor, dein Leben wäre auch ein Puzzle. Hast du eine Idee, wie das fertige Puzzle aussehen soll? Hast du das Ende im Sinn?

Die 2 Phasen der Schöpfung

Schon am Anfang das Ende im Sinn haben – der 2. Weg geht davon aus, dass alles zweimal geschaffen wird:

1. In deiner **Vorstellung**
2. In der **Realität**

Vielleicht ist es dir nicht bewusst, aber im Alltag machst du das ständig:

- Bevor du mit dem Auto losfährst, gibst du dein Ziel ins Navi ein.
- Bevor du eine Präsentation hältst, erstellst du ein Konzept und die Folien.
- Bevor du einen Kuchen backst, liest du das Rezept und besorgst die Zutaten.

Besonders gut kann man die 2 Phasen der Schöpfung beim Bau eines Hauses sehen.

Ohne Bauplan geht es nicht!

Bevor der erste Spatenstich für dein Traumhaus erfolgt, entsteht jedes Detail vor deinem geistigen Auge. Zunächst entwickelst du eine Vorstellung davon, was für ein Haus du haben willst. Wenn du ein Haus für deine Familie möchtest, gestaltest du das Wohnzimmer so, dass es zum Treffpunkt für Groß und Klein wird. Du planst ein Spielzimmer für die Kinder, einen Sandkasten und eine Grillecke im Garten. Und wenn du in deinem neuen Haus leben und arbeiten willst? Dann planst du genügend Platz für ein Büro ein.

Sobald du ein konkretes Bild davon hast, wie dein Traumhaus aussehen soll, gehst du zum Architekten. Auf der Basis deiner Vorstellung erstellt er einen Bauplan. Erst nachdem der Plan für dein Haus komplett fertig ist, beginnen die eigentlichen Bauarbeiten. Aber was ist, wenn du die Planungsphase einfach überspringst und direkt mit dem Bauen loslegst? Dann musst du in Phase 2 unzählige Änderungen und Korrekturen vornehmen. Das kostet sehr viel Zeit und Geld!

Zweimal messen – einmal sägen

Die Devise des Zimmermanns lautet: »Zweimal messen, einmal sägen.« Daran solltest du dich halten, wenn du effektives Self-Leadership betreiben und dein Leben in die eigene Hand nehmen willst. Schreibe zuerst das Drehbuch für dein Leben neu, leite dann konkrete Ziele daraus ab und setze anschließend alles in die Tat um. Und noch etwas ist wichtig: Behalte dein neues Drehbuch jeden Tag fest im Blick. Dann hast du schon am Anfang das Ende im Sinn und weißt genau, was an diesem Tag zu tun ist, damit du deine Ziele erreichen und deine Träume leben kannst! Wie das am besten geht? Das erfährst du gleich im Praxis-Training zum 2. Weg.

2. Weg

PRAXIS-TRAINING

Schon am Anfang das Ende im Sinn haben

Dein persönliches Leitbild: das Drehbuch deines Lebens

Weißt du, was die effektivste Art ist, um schon am Anfang das Ende im Sinn zu haben? Verfasse dein persönliches Leitbild.

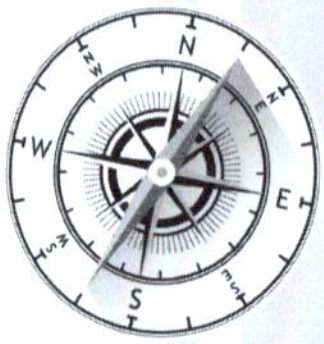

Dein persönliches Leitbild ...

... ist dein Kompass für ein selbstbestimmtes, sinnerfülltes Leben.

... beschreibt die Prinzipien und Werte, nach denen du leben willst.

... hilft dir, auch in schwierigen Zeiten auf dem richtigen Kurs zu bleiben.

... zeigt dir, was du jeden Tag tun kannst, um deine Ziele zu erreichen.

... erinnert dich immer daran, was dir wirklich wichtig im Leben ist.

Wie soll dein persönliches Leitbild aussehen?

Für dein persönliches Leitbild gibt es keine Vorschriften und auch keine Patentrezepte. Jeder Mensch ist einzigartig. Das spiegelt sich auch in unseren persönlichen Leitbildern wider. Kein Leitbild ist wie das andere. Ob ein ausführlicher Text, kurze Stichpunkte, ein Gedicht oder eine Collage mit bunten Bildern: Wie du dein Leitbild gestaltest, entscheidest du allein. Hier sind deiner Fantasie keine Grenzen gesetzt. Es gibt nur eine Sache, an die du dich halten solltest:

Verfasse dein persönliches Leitbild auf jeden Fall handschriftlich!

• In 30 Minuten zum persönlichen Leitbild •

Mit der folgenden Übung kannst du in 30 Minuten einen ersten Entwurf für dein Leitbild erstellen:

1. Vervollständige den folgenden Satz: **»Der Sinn meines Lebens ist …«** Schreib dir dann 10 Minuten lang alles von der Seele, was dir dazu einfällt. Verbessere nichts und streiche nichts. Wenn du ins Stocken kommst, dann setz den Stift nicht ab. Schreib einfach immer weiter. Leg den Stift erst weg, wenn die 10 Minuten um sind.

2. Nimm dir anschließend 20 Minuten Zeit, um das Geschriebene zu sichten, zu ordnen und gegebenenfalls umzuformulieren.

Los geht's. Such dir ein ruhiges Plätzen und beginne mit dem Entwurf für dein Leitbild!

Stell dein Leitbild auf den Prüfstand

Lies den Entwurf für dein Leitbild in Ruhe durch, nimm ein Blatt Papier und notiere die Antworten auf die folgenden Fragen:

- Bringt mein Leitbild meine **Werte und Prinzipien** zum Ausdruck? Was kann ich hier noch verbessern und ergänzen?
- Spielgelt mein Leitbild das wider, was mir **wirklich wichtig im Leben** ist? Was möchte ich hier noch ändern?
- Ist mein Leitbild ausgewogen? Bezieht es sich nicht nur auf meinen Beruf, sondern auch auf mein Privatleben? Bringt es mein Leben in **Balance**? Wie kann ich hier noch für mehr Ausgewogenheit sorgen?
- Enthält mein Leitbild **sinnvolle Ziele** und nicht nur oberflächliche, egozentrische Wünsche? Welche Ziele möchte ich unbedingt in meinem Leitbild festhalten?
- Erklärt mein Leitbild, welchen höheren **Sinn** und **Zweck** mein Leben hat? Beschreibt es zudem, welche **positiven Auswirkungen** mein Leben auf andere Menschen hat? Was kann ich hier ergänzen oder klarer ausdrücken?

Hast du alle Fragen beantwortet? Geh gleich auf die nächste Seite und schreib dein Leitbild direkt in dieses Buch!

Mein persönliches Leitbild

Setz dir Ziele

Leite konkrete Ziele aus deinem Leitbild ab. Ziele verleihen deinem Leitbild Kraft und Schwung. Lies dein Leitbild noch einmal durch. Notiere die wichtigsten langfristigen Ziele, die sich daraus ergeben. Achtung: Überfordere dich nicht. Beschränke dich auf wenige, aber wirklich wichtige **Lebensziele**!

Meine wichtigsten Lebensziele

Buchtipp: Das Leitbild deines Lebens
Wenn du dich intensiv mit deinem persönlichen Leitbild befassen willst, habe ich einen Tipp für Dich: mein Workbook **»Das Leitbild deines Lebens«**. Hier findest du eine ausführliche Schritt-für-Schritt-Anleitung und viele praktische Beispiele zur Erstellung deines Leitbilds. Mehr dazu erfährst du unter: www.stephen-covey.de

• Mit 4 Fragen zum Ziel •

1. WAS?

Gratulation! Das **Was** hast du schon gefunden. Das sind die Lebensziele, die du eben notiert hast.

2. WARUM?

Nur wenn du ein eindeutiges **Warum** für dein Ziel hast, wirst du es auch erreichen.

3. WIE?

Wie wirst du dein Ziel erreichen? **Wie** wirst du den Weg dorthin abstecken? Und: **Wie** erkennst du, dass du am Ziel bist?

4. WANN?

Wann willst du am Ziel sein? Lege nicht nur fest, bis **Wann** du dein Ziel erreicht hast. Setze dir auch Termine für das Erreichen der einzelnen Meilensteine.

Stell sicher, dass du deine Lebensziele erreichst!

Bringe das **Was**, **Warum**, **Wie** und **Wann** für jedes deiner Lebensziele zusammen. Nutze dazu das Praxis-Tool auf der nächsten Seite. **Wichtig:** Kopiere es und fülle es für jedes deiner Lebensziele einzeln aus.

Meine Zielplanung

WAS: Mein Lebensziel

____

____

WANN bin ich am Ziel?

Mein Ziel habe ich bis zum

_____________ komplett verwirklicht.

WARUM ist dieses Ziel so wichtig für mich?

____

____

WIE erreiche ich mein Ziel?

Schritte zum Ziel	Termine
________________	________________
________________	________________
________________	________________

Finde dein Lebensmotto

Nun hast du dein Leitbild erstellt und deine wichtigsten Lebensziele definiert. Damit bist du einem selbstbestimmten, sinnerfüllten Leben einen großen Schritt näher gekommen. Aber wie schaffst du es, deine wichtigsten Werte, Prinzipien und Ziele auch im stressigen Alltag immer fest im Blick zu haben? Fasse dein Leitbild und deine Ziele in einem kurzen Lebensmotto zusammen.

Wie soll dein Lebensmotto lauten?

Überleg dir, wie dein Lebensmotto lauten soll. Trag dein Motto gleich in den Kasten unten ein. Bitte übernimm nicht einfach das Motto eines anderen Menschen. Verwende auch kein bekanntes Zitat als Lebensmotto. **Finde dein eigenes, ganz persönliches Lebensmotto.** Ein Lebensmotto, das klar zum Ausdruck bringt, wer du wirklich bist, warum du hier auf dieser Welt bist und was du aus deinem Leben machen willst.

Mein Lebensmotto:

____

____

3. Weg

Das Wichtigste zuerst tun

Mach das, was dich wirklich weiterbringt

»Das Wichtigste ist, dafür zu sorgen,
dass das Wichtigste auch das Wichtigste bleibt!«
Stephen R. Covey

Der Weg der Willensstärke

Du weißt nun, wie du dein Leben pro-aktiv nach deinen eigenen Vorstellungen gestalten kannst. Und: Du hast dein persönliches Leitbild und deine bedeutendsten Lebensziele schriftlich fixiert. Aber wie schaffst du es, deine Lebensvision und deine langfristigen Ziele im Alltag umzusetzen? Eigentlich ist es ganz einfach: Halte dich an den 3. Weg zu effektivem Self-Leadership und tu das Wichtigste zuerst! Doch wie so oft im Leben ist das, was einfach klingt, in Wahrheit besonders schwer.

Nach der Arbeit musst du den Kids unbedingt bei den Hausaufgaben helfen. Einkaufen musst du auch noch, weil der Kühlschrank wieder mal total leer ist. Morgen hast du ein großes Meeting, auf das du noch nicht wirklich vorbereitet bist. Außerdem möchtest du auf jeden Fall noch deine Schwester anrufen, weil sie gerade ziemliche Probleme hat und deine Unterstützung braucht. Und der Hund muss auch noch raus … Für viele von uns ist das Leben eine einzige Rushhour. In der Hektik des Alltags wissen sie gar nicht mehr, was sie zuerst tun sollen. Der 3. Weg zu effektivem Self-Leadership hilft dir, einen kühlen Kopf zu bewahren und dich auch im größten Stress auf das Wesentliche zu besinnen.

3. Weg: Das Wichtigste zuerst tun

Der 3. Weg konzentriert sich darauf, wie man seine Zeit und seine Energie am besten einsetzen kann, um nicht nur ein erfolgreiches, sondern auch ein glückliches Leben zu führen. Dieser Weg basiert auf dem Prinzip **SINN**. Zentral ist, dass man das Wichtige vom Dringenden unterscheidet und klare Prioritäten setzt. Das ist der Schlüssel, um seine Effektivität maßgeblich zu steigern und die Dinge zu tun, die einen echten Mehrwert für den beruflichen Erfolg und das private Glück bringen.

Effektivität und Effizienz: Wo liegt der Unterschied?

Um den 3. Weg zu verstehen, sollten wir uns zunächst den Unterschied zwischen Effizienz und Effektivität ansehen. Effizienz und Effektivität sind zwei wichtige Konzepte, die oft miteinander verwechselt werden. Dabei haben sie sehr unterschiedliche Bedeutungen:

- **Effizienz** bezieht sich darauf, wie schnell, kostengünstig oder ressourcenschonend man etwas erledigt. Das heißt: Eine effiziente Person kann eine Aufgabe mit minimalem Aufwand und in kürzester Zeit abschließen.

- **Effektivität** bedeutet, kluge Prioritäten zu setzen und den Dingen den Vorrang zu geben, die den größten Beitrag zum Erreichen unserer wichtigsten Ziele leisten. Das heißt: Je effektiver du bist, desto besser kannst du dich auf die Menschen, Aufgaben und Ziele konzentrieren, die dir wirklich am Herzen liegen!

Den Unterschied zwischen Effektivität und Effizienz kann man sehr gut mit zwei Sätzen auf den Punkt bringen:

EFFIZIENZ bedeutet,
DINGE RICHTIG zu tun.

EFFEKTIVITÄT bedeutet,
die **RICHTIGEN DINGE** zu tun.

Effizienz und Effektivität sind wichtig für deinen Erfolg in den verschiedenen Bereichen des Lebens und der Arbeit. Deshalb ist es ideal, wenn du sowohl effizient als auch effektiv bist. Allerdings tappen viele von uns im stressigen Alltag in die **Effizienz-Falle.** Was ich damit meine? Das zeigt dir das folgende Beispiel:

Wo steht deine Leiter?

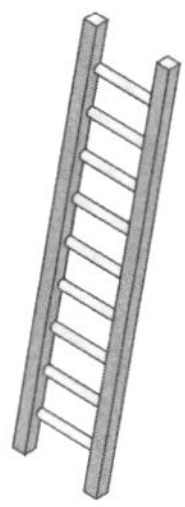

Wenn du dich nicht auf die wirklich wichtigen Dinge konzentrierst, bist du sehr schnell im Hamsterrad des Alltags gefangen. Du arbeitest härter und härter, um die nächste Sprosse auf der Erfolgsleiter zu erklimmen. Doch am Ende stellst du fest, dass die Leiter an der falschen Mauer steht. Du bist rund um die Uhr beschäftigt. Vielleicht bist du auch enorm effizient. Aber du bist kein bisschen effektiv!

Zeitmanagement ist sinnlos!

Das Experiment mit der Leiter zeigt: Zeitmanagement ist sinnlos! Viele versuchen es dennoch. Sie arbeiten hart daran, ihren Tag und ihre Arbeitsabläufe immer weiter zu optimieren. Als ob es kein Morgen gäbe, packen sie immer mehr Aufgaben in ihren ohnehin schon randvollen Terminkalender. Doch am Ende steht ihre Leiter an der falschen Mauer. Vielleicht machen sie sogar Karriere. Aber ihr privates Glück, ihre persönlichen Beziehungen und ihre Gesundheit bleiben auf der Strecke. Da ist es kein Wunder, wenn die Arbeit immer mehr Menschen krank macht. Deshalb geht es beim 3. Weg auch nicht um Zeitmanagement, sondern um effektives Self-Leadership. Denn:

> *Du kannst die Zeit nicht wirklich managen. Aber du kannst dich selbst führen und mithilfe des 3. Weges dafür sorgen, dass du nicht nur beruflich erfolgreich, sondern auch privat glücklich bist.*

Was du dazu brauchst? Neben den Tipps und Strategien aus diesem Buch sind vor allem Durchhaltevermögen und Willensstärke gefragt.

Wie wirst du dich entscheiden?

Der 3. Weg ist der Weg der Willensstärke. Genau genommen ist deine Willensstärke hier sogar gleich doppelt gefordert. Es geht darum:

1. **Nein** zu den **dringenden** Dingen zu sagen.
2. **Ja** zu den **wichtigen** Dingen zu sagen.

DRINGEND heißt, etwas verlangt nach sofortiger Aufmerksamkeit. Eine neue E-Mail, eine ankommende Kurznachricht oder ein klingelndes Smartphone sind dringend. Die meisten Menschen halten nicht einmal den Gedanken aus, dringende Dinge einfach zu ignorieren. Das Problem dabei? Dringende Dinge sind meistens völlig **UNWICHTIG**!

WICHTIG sind die Dinge, die zur Umsetzung deines Leitbilds, deiner Lebensziele und deiner Top-Prioritäten beitragen. Leider schieben wir wichtige Dinge gerne auf die lange Bank. Warum? Weil sie meistens **NICHT DRINGEND** sind.

Effektiv mit der Zeit-Matrix

Wie kannst du dich auf wichtige Dinge konzentrieren und dringende Dinge in den Hintergrund rücken? Die folgende Zeit-Matrix hilft dir dabei.

	DRINGEND	NICHT DRINGEND
WICHTIG	**Q I** **NOTWENDIGKEIT** Krisenmanagement Notfall-Meetings Last-Minute-Deadlines Dringende Probleme Unvorhergesehene Ereignisse Überstunden	**Q II** **EFFEKTIVITÄT** Pro-aktive Tätigkeiten Bedeutende Ziele Lernen & Kreativität Planung & Prävention Beziehungsaufbau & -pflege Erholung & Erneuerung
NICHT WICHTIG	**Q III** **ABLENKUNG** Sinnlose Unterbrechungen Unnötige Aufgaben Unwichtige Meetings Nebensächliche Probleme anderer Belanglose Mails, Sprachnachrichten, Anrufe …	**Q IV** **ZEITVERSCHWENDUNG** Triviale Arbeiten Vermeidungsaktivitäten Trödeln & Faulenzen Klatsch & Tratsch Maßloses Internet-Surfen, Chatten, Gaming, Streaming …

Bitte sieh dir die Zeit-Quadranten in Ruhe an. Was denkst du, in welchem Quadranten effektive Menschen die meiste Zeit verbringen?

> Effektive Menschen konzentrieren sich auf **QUADRANT II.**
>
> Hier liegen die Dinge, die **WICHTIG,** aber **NICHT DRINGEND** sind!

Quadrant II: Das Herzstück des effektiven Self-Leadership

Der Schlüssel für ein effektives, glückliches und erfolgreiches Leben ist, dass du möglichst viel Zeit in Quadrant II verbringst. Etwas mit deiner Familie und deinen Freunden unternehmen, ein persönliches Leitbild erstellen, langfristige Pläne schmieden, die nächsten Karriereschritte in Angriff nehmen, etwas für deine Weiterbildung tun, auf die Gesundheit achten und Sport treiben oder einfach mal die Seele baumeln lassen: In Quadrant II sind die Dinge, die wirklich **wichtig** für effektives Self-Leadership sind. Wie schon erwähnt, schieben wir diese Dinge häufig auf, weil sie meistens **nicht dringend** sind. Doch effektive Menschen wissen: Die Dinge in Quadrant II sind erfolgsentscheidend und zukunftsweisend!

Planen und Zeit für Quadrant II gewinnen!

Wie kannst du mit wenig Aufwand viel Zeit für die Aktivitäten in Quadrant II gewinnen? Halte dich an das folgende Motto: **Die großen Steine zuerst!** Wie das gemeint ist? Das zeigt dir das folgende Beispiel:

Wie soll ich das bloß alles unterbringen?

Stell dir vor, du hast einen zur Hälfte mit Kies gefüllten Eimer. Jetzt versuchst du, noch einige große Steine in den Eimer zu bekommen. Aber die großen Steine sind sperrig. Zwischen ihnen bleibt viel Luft. Deshalb reicht der Platz im Eimer nicht für alle großen Steine. Was machst du jetzt? Da gibt's nur eins: Du musst den Eimer ausleeren und noch mal von vorn beginnen. Dieses Mal legst du zuerst alle großen Steine in den Eimer. Anschließend kommt der Kies. Jetzt pass alles ganz wunderbar in den Eimer. Denn der Kies rieselt in die Lücken zwischen den großen Steinen. So ist es auch mit der Zeitplanung. Wenn du deine »großen Steine«, deine wichtigsten Aufgaben, zuerst in deinen Terminplan einträgst, bleibt für die unwichtigeren Dinge noch genügend Zeit übrig!

Wie du das Experiment mit den großen Steinen auf deine Zeitplanung übertragen und die Dinge tun kannst, die dich wirklich weiterbringen? Das erfährst du gleich im Praxis-Training zum 3. Weg!

3. Weg

PRAXIS-TRAINING
Das Wichtigste zuerst tun

Erstelle deine Zeit-Bilanz

Wer oder was stiehlt dir die Zeit für die wichtigen Dinge? Erstelle deine persönliche Zeit-Bilanz und finde es heraus. Trage in die Zeit-Matrix unten ein, wie viel Prozent deiner Zeit du an einem ganz normalen Wochentag in den verschiedenen Zeit-Quadranten verbringst.

	DRINGEND	NICHT DRINGEND
WICHTIG	**QI** NOTWENDIGKEIT ________ %	**QII** EFFEKTIVITÄT ________ %
NICHT WICHTIG	**QIII** ABLENKUNG ________ %	**QIV** ZEITVERSCHWENDUNG ________ %

Wie sieht deine Zeit-Bilanz aus?

Sieh dir deine Zeit-Bilanz noch einmal näher an und beantworte die folgenden Fragen:

In welchem Quadranten verbringe ich die meiste Zeit? Welche Konsequenzen hat das für mich, meine Lebensziele und meine Zukunft?

Welche unvorhersehbaren Ereignisse, ungeplanten Aufgaben, dringenden Probleme und Last-Minute-Deadlines aus Quadrant I kann ich ziemlich leicht vermeiden, wenn ich meine Zeit und meine Prioritäten besser plane?

Wie viel Zeit vergeude ich jeden Tag in Quadrant III und IV?

Entwickle eine Quadrant-II-Strategie

Im Laufe einer Woche wird es zweifellos Zeiten geben, in denen es dir sehr schwerfällt, **Nein** zu den unwichtigen Dingen zu sagen. Es macht Spaß, auf die dringenden, aber unwichtigen Aktivitäten in Quadrant III zu reagieren oder in Quadrant IV zu fliehen. Da ist es natürlich nicht leicht, sich auf die geplanten wichtigen Aufgaben in Quadrant II zu konzentrieren. Da gibt's nur eins: Entwickle eine Strategie, die dir hilft, deinen Quadrant-II-Prioritäten auch in schwierigen und stressigen Momenten den Vorzug zu geben.

Quadrant-II-Aktivitäten

Damit ich mehr Zeit für Quadrant-II-Aktivitäten habe, werde ich bewusst **Nein** zu unwichtigen Dingen sagen. Außerdem werde ich Aufgaben an andere abgeben. Zudem werde ich öfter meinen E-Mail-Alarm und mein Smartphone ausschalten, um ungestört arbeiten zu können. Außerdem werde ich:

Plane deine Woche

Die effektivste Methode, um das Wichtigste zuerst zu tun, lautet: **Arbeite mit einem Wochenplan!** Reserviere jede Woche einen festen Block von 30 Minuten, um die nächsten 7 Tage zu planen. Du wirst staunen, wie sehr die Wochenplanung dein Leben verändert. Wenn du lediglich einen Tag im Voraus planst, reagierst du nur auf die Anforderungen, die von außen an dich herangetragen werden. Dann bist du eine Marionette, die sich nach den Wünschen und Plänen anderer Menschen richtet. Du kümmerst dich nicht wirklich um deine Quadrant-II-Aufgaben, sondern verwaltest hauptsächlich Probleme und Krisen. Ganz anders sieht es aus, wenn du einen Wochenplan erstellst. Dann hast du die Fäden in der Hand und bestimmst den Kurs deines Lebens selbst!

Das Geheimnis einer effektiven Wochenplanung

Bevor du mit deiner Wochenplanung startest, verrate ich dir das Geheimnis der Menschen, die ein selbstbestimmtes, sinnerfülltes und glückliches Leben führen: Sie stellen bei ihrer Wochenplanung ihr **Leitbild** und ihre **Lebensrollen** in den Mittelpunkt. Das solltest du auch tun. Denn das bringt dir 2 entscheidende Vorteile:

1. Du stellst sicher, dass bei der Planung deine langfristigen Ziele und alle wichtigen Bereiche deines Lebens berücksichtigt und in Balance gehalten werden.

2. Du sorgst dafür, dass du nicht nur beruflich erfolgreich bist, sondern dass dir auch ausreichend Zeit für deine Familie, deine Freunde, deine Hobbys, dein gesellschaftliches Engagement, deine persönliche Weiterentwicklung, deine Spiritualität, deine Gesundheit und deine Erholung bleibt.

»Was trägt mehr als alles andere dazu bei, dein Leben in Balance zu bringen und deine Effektivität zu steigern? Plane deine Woche – und zwar vor dem Wochenstart!«
Stephen R. Covey

Also, plane nicht einfach drauflos. Stopf deine Woche nicht wahllos mit irgendwelchen dringenden Dingen voll. Mach dir zuerst Gedanken über deine wichtigsten Lebensrollen!

Was sind deine Schlüsselrollen?

Ob Partnerin oder Partner, Elternteil, Nachbar oder Nachbarin, Vereinsmitglied, Hobbysportler, Mitarbeiterin oder Mitarbeiter, Freundin oder Freund: Wir alle füllen viele verschiedene Rollen in unserem Leben aus. Das Problem dabei? Die meisten versuchen, viel zu vielen Rollen auf einmal gerecht zu werden. Das geht meistens schief. Deshalb ist es wichtig, dass du dich auf maximal 7 Rollen beschränkst. Denk in Ruhe über deine Rollen nach und trage dann deine 7 Schlüsselrollen in die Grafik unten ein.

Erstelle deinen Wochenplan!

Weißt du nun, was deine 7 Schlüsselrollen sind? Prima! Dann kannst du mit der Wochenplanung loslegen. Deine wichtigsten Ziele, deine 7 Schlüsselrollen und deine Quadrant-II-Aktivitäten sind deine »großen Steine«. Achte darauf, dass diese Dinge bei deiner Wochenplanung den Vorrang haben. Trage sie unbedingt zuerst in deinen Plan ein. Erst danach kommen dann die »kleinen Kieselsteine«. Das sind die weniger wichtigen Aufgaben. Wie du bereits weißt, passen sie ganz wunderbar in die Terminlücken zwischen den »großen Steinen«.

In 3 Schritten zum Wochenplan

1. Nimm dir jeden Freitag oder jedes Wochenende etwa 30 Minuten Zeit, um einen Plan für die kommende Woche zu erstellen. Reservier dir dafür einen festen Termin in deinem Kalender. Kennzeichne diesen Termin als Quadrant-II-Aufgabe mit höchster Priorität.

2. Denk an dein Leitbild, deine Schlüsselrollen und deine langfristigen Ziele. Überleg dir ein oder zwei Wochenziele für jede deiner Rollen. Frag dich: »Was ist das Wichtigste, was ich in dieser Rolle in den nächsten 7 Tagen tun kann?« Bitte achte darauf, dass einige dieser Ziele Quadrant-II-Aktivitäten umfassen und sich auf die langfristigen Ziele beziehen, die du bei der Erstellung deines Leitbilds definiert hast. Plane ausreichend Zeit dafür ein. Organisiere die restlichen Aufgaben um diese »großen Steine« herum.

3. Achte darauf, dass dein Wochenplan ein ausgewogenes Gleichgewicht zwischen privaten Aktivitäten und beruflichen Verpflichtungen ermöglicht. Ist das nicht der Fall? Dann streiche überflüssige und unwichtige Aufgaben konsequent aus deinem Wochenplan. Verschiebe sie auf später, streiche sie ganz von deiner To-do-Liste oder übertrage sie anderen.

Checkliste für deinen Wochenplan

Bevor du deinen Wochenplan in die Tat umsetzt, solltest du ihn noch mal auf den Prüfstand stellen. Die folgende Checkliste hilft dir dabei:

❑	Spiegelt mein Wochenplan mein Leitbild, meine 7 Lebensrollen und meine Lebensziele wider?
❑	Bringt mein Wochenplan meine privaten Wünsche und meine beruflichen Ziele ins Gleichgewicht?
❑	Habe ich genügend Zeit für meine Quadrant-II-Aufgaben eingeplant?
❑	Ist mein Wochenplan realistisch oder ist er übervoll?
❑	Habe ich Unwichtiges konsequent aus meiner Wochenplanung gestrichen?
❑	Habe ich genügend Pausen und Erholungszeiten vorgesehen, um auf Dauer leistungsfähig und effektiv zu bleiben?
❑	Bietet mein Wochenplan genügend Zeit für die Menschen und die Dinge, die mir sehr viel bedeuten?

Stell deinen Wochenplan auf den Prüfstand

Am Ende jeder Woche solltest du deinen Wochenplan auf den Prüfstand stellen. Frag dich:

Was hat in dieser Woche besonders gut funktioniert?

____

____

____

Was hat mir am meisten Freude bereitet?

____

____

____

Was hat meine Effektivität am meisten gesteigert?

____

____

____

Was hat meine Effektivität am meisten gebremst?

Was kann ich bei der Wochenplanung noch verbessern?

Extra-Tipp:
Ein ausführliches Beispiel und eine Blanko-Vorlage für deine Wochenplanung findest du in meinem Buch **»Die 7 Wege zur Effektivität«**. Mehr dazu erfährst du auf meiner Website www.stephen-covey.de. Hier steht die Vorlage zur Wochenplanung auch zum kostenlosen Download für dich bereit.

4. Weg

Win-Win-Denken

Entwickle eine Überfluss-Mentalität

»Win-Win-Denken ist keine Erfolgstechnik.
Es ist eine Philosophie des menschlichen Miteinanders,
die den gegenseitigen Vorteil sucht. Win-Win
sieht das Leben als Feld der Kooperation,
nicht als Arena des Wettstreits.«

STEPHEN R. COVEY

Hier werden alle zu Gewinnern!

Viele Menschen betrachten das Leben wie einen Streit auf einem Kindergeburtstag. Alle stürzen sich auf den Geburtstagskuchen. Wer schnell und auf den eigenen Vorteil bedacht ist, bekommt das größte Stück vom Kuchen. Die anderen kriegen nur die Krümel ab oder gehen ganz leer aus. Mehr als Aufteilen geht nicht. Der Kuchen wird nicht größer. Am Ende gibt es einen glücklichen Gewinner und viele enttäuschte Verlierer.

4. Weg: Win-Win-Denken

Win-Win ist eine Lebenseinstellung, die besagt: »Ich kann gewinnen und du auch! Es geht nicht um mich oder um dich. Es geht um uns beide!« Wie der Name schon sagt, beruht Win-Win auf dem Prinzip **GEWINN**. Es bedeutet, dass man nach Lösungen sucht, die für alle Beteiligten von Vorteil sind, anstatt in einem Nullsummenspiel zu denken, bei dem einer gewinnt und der andere verliert. Denn: Das Leben ist kein Wettbewerb, sondern ein Mannschaftssport!

Warum ist Win-Win die beste Lösung für alle?

Gewinn-Gewinn ist eine Einstellung, die Vorteile für alle Beteiligten sucht. Aber was passiert, wenn wir keine Win-Win-Mentalität haben? Die folgende Tabelle zeigt dir den Unterschied:

Win-Win-Denken und die »Alternativen«	
Gewinn-Verlust Ich bekomme alles. Du kriegst nichts. Es ist nicht genug für uns beide da!	**Verlust-Verlust** Ich will, dass du verlierst. Dafür nehme ich in Kauf, dass ich ebenfalls verliere!
Verlust-Gewinn Du bekommst alles – und ich kriege nichts. Wenn du gewinnst, verliere ich zwangsläufig!	**Gewinn-Gewinn** Wir unterstützen uns gegenseitig und gewinnen beide. Denn: Es ist genug für alle da!

Das Leben ist kein Kindergeburtstag!

Menschen, die vor Win-Win-Lösungen zurückschrecken, leiden unter einer **Mangelmentalität**. Sie sind überzeugt, dass nicht genug für alle da ist. Ob Geld, Besitz, Lob oder Anerkennung: Es fällt ihnen sehr schwer, all diese Dinge mit anderen zu teilen. Das betrifft sogar diejenigen, die ihnen dabei geholfen haben, etwas zu erreichen. Außerdem können sich »Mangel-Menschen« nicht wirklich über den Erfolg und das Glück anderer freuen. Oft gilt das ganz besonders für Mitglieder der eigenen Familie, enge Freunde oder langjährige Kollegen. Es ist fast so, als würde ihnen etwas weggenommen, wenn ein anderer besondere Anerkennung bekommt, einen überraschenden Profit verbucht oder bemerkenswerte Leistungen und Erfolge erzielt. Das Problem dabei? Meistens können wir gemeinsam mit anderen weitaus größere Erfolge feiern als allein. Denn:

> Das Leben ist kein Kindergeburtstag, bei dem nur ein einziger Kuchen aufgeteilt werden kann. Ob Erfolg, Karrierechancen, Geld, Anerkennung, Lob oder Liebe und Glück:
>
> **Die meisten Dinge gibt es im Überfluss!**

Genau daran glauben diejenigen, die Win-Win-Lösungen bevorzugen. Sie haben eine **Überfluss-Mentalität**. Mangel oder Überfluss? Die folgende Tabelle erklärt die Unterschiede.

Jemand mit einer MANGEL-Mentalität ...	Jemand mit einer ÜBERFLUSS-Mentalität ...
denkt, dass nicht genug für alle da ist.	weiß, dass genug für alle da ist.
achtet nur auf seinen eigenen Vorteil.	achtet darauf, dass alle gewinnen.
erwartet das Schlimmste.	erwartet das Beste.
mag keine Veränderungen.	freut sich auf Veränderungen.
ist re-aktiv.	ist pro-aktiv.
glaubt, dass er schon alles weiß.	freut sich darüber, Neues zu lernen.
richtet den Blick auf das, was schlecht läuft.	richtet den Blick auf das, was gut läuft.
arbeitet nicht gerne im Team.	arbeitet am liebsten im Team.
beansprucht Erfolge für sich und hebt nur die eigene Leistung hervor.	teilt Erfolge und hebt die Leistung anderer hervor.
vertraut so gut wie niemandem.	schenkt anderen sein Vertrauen.

Leidest du unter einer Mangel-Mentalität?

Win-Win-Denken ist praktisch unmöglich, wenn du eine Mangel-Mentalität hast und andere in erster Linie als Konkurrenten betrachtest. Die folgenden Anzeichen sprechen dafür, dass du unter einer Mangel-Mentalität leidest:

- Du glaubst, dass du im Nachteil bist und die Situation nicht ändern kannst: *»Ich werde den Kürzeren ziehen. Dagegen kann ich nichts machen!«*
- Dein Mangel-Denken zeigt sich in deinen Gedanken und Worten: *»Ich habe nicht genug Geld!«* Oder: *»Ich bin nicht so klug wie meine Kollegen!«*
- Du bist neidisch auf andere: *»Unsere Teamleitung ist wesentlich beliebter als ich!«* Oder: *»Meine Eltern lieben meine kleine Schwester viel mehr als mich!«*
- Du hast Schwierigkeiten, dich über die Erfolge anderer zu freuen: *»Ich verstehe nicht, weshalb Lena befördert worden ist. Ihre Leistung ist unterirdisch!«*
- Es fällt dir schwer, andere zu unterstützen: *»Wieso sollte ich meinen Nachbarn helfen? Mir hilft ja auch keiner!«*
- Du nimmst dir, soviel du nur kriegen kannst: *»Eigentlich brauche ich das gar nicht. Aber ich nehme es trotzdem. Wer weiß, ob ich jemals wieder etwas bekomme!«*
- Du fühlst dich verraten, wenn andere nicht deiner Meinung sind: *»Immer fällt mir Hanna in den Rücken.«*

Warum fällt uns das Win-Win-Denken so schwer?

Win-Win-Denken ist so schwierig, weil wir von Kindesbeinen an auf Gewinn-Verlust konditioniert werden. Ob in der Schule, beim Sport oder in der Familie: Häufig wird uns eingetrichtert, dass es nur einen Gewinner geben kann. Nach dem Motto: **»The winner takes it all!«** Grundsätzlich ist Konkurrenz nichts Schlechtes. Wettbewerb motiviert uns, unser Bestes zu geben. Stell dir nur mal ein Fußballspiel vor, bei dem die Tore nicht gezählt werden und es keine Gewinner gibt. Das würde weder den Spielern noch den Zuschauern richtig Spaß machen. Doch in vielen Situationen ist Konkurrenzdenken kontraproduktiv und führt zu Ineffektivität, Egoismus, Neid und Rivalität. Trotzdem setzen manche Win-Win-Denken mit Schwäche gleich. Sie fürchten, dass sie über den Tisch gezogen werden, wenn sie nicht ausschließlich ihren eigenen Vorteil im Blick haben. Das muss nicht sein. Wenn die folgenden Voraussetzungen erfüllt werden, sind tragfähige Win-Win-Lösungen sehr gut machbar!

7 Voraussetzungen für Win-Win-Lösungen

- Die Beteiligten sind bereit, nach einer Lösung zu suchen, die für alle ein Gewinn ist.
- Keiner setzt den anderen unter Druck. Alle begegnen sich auf Augenhöhe. Hierarchien und Machtverhältnisse bleiben außen vor.
- Allen ist bewusst, dass die Interessen der anderen genauso wichtig sind wie ihre eigenen.

- Die Sache und die Suche nach einer Win-Win-Lösung stehen im Mittelpunkt. Persönliche Befindlichkeiten treten in den Hintergrund.
- Die Beteiligten haben die Möglichkeit, ihre Interessen klar zu benennen. Gleichzeitig lassen sie sich darauf ein, sich in den anderen hineinzuversetzen und seine Perspektive einzunehmen.
- Die Kommunikation ist offen und ehrlich, sodass die Einigung in einer angenehmen Atmosphäre erfolgen kann.
- Alle Parteien fühlen sich für das Ergebnis verantwortlich und legen gemeinsam fest, wie sie dafür sorgen werden, dass die Win-Win-Lösung tatsächlich umgesetzt wird.

Gewinn-Gewinn-Vereinbarungen: Vorteile für alle!

Wie du es schaffst, tragfähige Win-Win-Lösungen auf den Weg zu bringen? Das effektivste Mittel dazu sind Gewinn-Gewinn-Vereinbarungen. Hier ein Beispiel aus meiner eigenen Familie:

Eine große Erleichterung

Nachdem unsere Tochter den Führerschein gemacht hatte, trafen wir eine Gewinn-Gewinn-Vereinbarung über die Nutzung unseres Autos. Wir einigten uns darauf, dass sie die Verkehrsregeln beachten, das Auto sauber halten und sich um die Wartungstermine kümmern würde. Wir legten auch fest, dass sie meine Frau und mich hin und wieder zu wichtigen Terminen fahren sollte. Zudem vereinbarten wir, dass unsere Tochter ihre anderen Aufgaben im Haushalt ohne ständige Ermahnungen und ohne Murren erledigen würde. Das waren die Gewinne für mich und meine Frau bei dieser Vereinbarung.

Der Gewinn für unsere Tochter bestand darin, dass sie das Auto bekam. Zudem stellten wir ihr alle nötigen Ressourcen zur Verfügung – beispielsweise bezahlten wir die Versicherung, die Wartung und das Benzin fürs Auto. Zudem legten wir gemeinsam fest, dass unsere Tochter einmal in der Woche selbst beurteilen würde, inwieweit sie sich an unsere Vereinbarung hielt. Die Konsequenzen waren klar: Solange sie ihren Teil der Vereinbarung erfüllte, durfte sie das Auto nutzen. Und wenn nicht? Dann würde sie das Recht dazu verlieren.

Unsere Vereinbarung brachte Vorteile für uns alle. Zudem sorgte sie von Anfang an für klare Erwartungen und Verantwortlichkeiten. Auch die Konsequenzen für einen Verstoß gegen die Vereinbarung waren klar geregelt. So mussten wir unsere Tochter nicht ständig kontrollieren. Es gab keinen Stress, und unsere Gewinn-Gewinn-Vereinbarung war eine große Erleichterung für uns alle!

So funktionieren Win-Win-Vereinbarungen

Egal ob in der Familie, in der Nachbarschaft, im Freundes- und Bekanntenkreis oder im Berufsleben: Win-Win-Vereinbarungen funktionieren in allen Bereichen. Worauf es dabei genau ankommt? Das kannst du gleich im Praxis-Training zum 4. Weg ausprobieren!

4. Weg

PRAXIS-TRAINING
Win-Win-Denken

Hast du eine Überfluss-Mentalität?

Menschen mit einer Überfluss-Mentalität sind nicht neidisch auf die Erfolge anderer. Sie sind selbstsicher, kennen ihren eigenen Wert und vergleichen sich nicht mit anderen. Wie sieht es bei dir aus? Hast du eine Überfluss-Mentalität? Bitte kreuze an, was auf dich zutrifft:

❑ Ja ❑ Meistens ❑ Manchmal ❑ Fast nie

Wie ist deine Antwort ausgefallen? Lass uns den Hintergründen für deine Antwort auf die Spur kommen? Frag dich:

- Wann fällt es mir leicht, eine Überfluss-Mentalität an den Tag zu legen? Welche Beispiele kommen mir spontan in den Sinn?

____

____

____

- Wann habe ich das letzte Mal jemandem geholfen, erfolgreich zu sein? Wie hat sich das angefühlt?

____

____

Liebe, Geld, Erfolg, Aufmerksamkeit oder Ressourcen: In welchen Bereichen habe ich eine Mangel-Mentalität? Was sind die Ursachen?

Mangel ______ Ursache ______

Mangel ______ Ursache ______

Mangel ______ Ursache ______

Mangel ______ Ursache ______

Mangel ______ Ursache ______

»Die Überfluss-Mentalität beruht auf einem tiefen inneren Gefühl von Selbstwert und Sicherheit. Es ist das Paradigma, dass wir in einer Welt der Fülle leben und es mehr als genug für alle gibt.«
Stephen R. Covey

• LEITFADEN: Überfluss-Mentalität •

Die folgenden Tipps helfen dir, deinen Egoismus zu überwinden und eine Überfluss-Mentalität zu entwickeln.

- **Achte bewusst darauf, wenn du in eine Mangel-Mentalität verfällst.** Mach dir klar, weshalb eine Überfluss-Mentalität in dieser Situation ein Vorteil für dich und die anderen Beteiligten wäre.
- **Vergleiche dich nicht mit anderen.** Konzentriere dich stattdessen auf deine Möglichkeiten und dein persönliches Wachstum.
- **Trainiere das Teilen und Geben.** Sei es durch Hilfe für Bedürftige, Spenden an wohltätige Organisationen oder einfach durch kleine Gesten der Freundlichkeit anderen gegenüber.
- **Schaff dir ein positives Umfeld.** Umgib dich mit Menschen, die eine Überfluss-Mentalität haben. Achte darauf, was du von ihnen lernen kannst.
- **Biete anderen Unterstützung an.** Überleg dir: Wie kann ich anderen helfen? Wie kann ich mehr geben, als man von mir erwartet?
- **Übe dich in Dankbarkeit.** Denke jeden Abend vor dem Einschlafen an 3 Dinge, für die du besonders dankbar bist.
- **Nutze positive Affirmationen, um dich auf Fülle und Erfolg auszurichten.** Sag dir beispielsweise mehrmals am Tag: »Ich bin reich an Möglichkeiten!« Oder: »Es ist mehr als genug für alle da!«

Baue Win-Win-Beziehungen auf

Willst du dir und anderen das Leben einfacher und schöner machen? Dann arbeite daran, Win-Win-Beziehungen aufzubauen. Ob im Privatleben oder im Job – frage dich: Welche meiner Beziehungen sind kein Gewinn für beide Seiten?

____

____

Welche Vorteile hätte es, wenn diese Beziehungen für alle Beteiligten ein Gewinn wären? Liste mindestens 3 Vorteile auf:

Vorteil 1:

____

____

Vorteil 2:

____

____

Vorteil 3:

____

____

Sorg dafür, dass alle gewinnen!

Denk an eine Beziehung, die besonders vom Win-Win-Denken profitieren könnte. Trag in die Tabelle unten ein, wie der Gewinn für dich und den anderen aussehen könnte. Du weißt nicht, was für den anderen ein Gewinn wäre? Dann frag einfach nach!

Mein Gewinn	Gewinn der anderen Person

Was könnt ihr konkret tun, damit die Beziehung ein Gewinn für euch beide wird?

____

____

____

____

Checkliste: Win-Win-Beziehungen!

Bist du bereit, Win-Win-Beziehungen aufzubauen? Die folgende Checkliste hilft dir, es herauszufinden. Setze ein Häkchen neben die Punkte, die du bereits erfüllst:

- ❑ Ich habe eine Überfluss-Mentalität. Mein Motto lautet: »Es ist genug für alle da!«
- ❑ Ich achte darauf, dass in meinen Beziehungen großes Vertrauen herrscht und Geben und Nehmen im Gleichgewicht ist.
- ❑ Ich glaube fest daran, dass die anderen ihr Bestes geben und Respekt und Freundlichkeit verdienen.
- ❑ Ich interessiere mich für die Meinung anderer und höre ihnen einfühlsam zu.
- ❑ Ich versuche, die Position, das Verhalten und die Entscheidungen anderer zu verstehen.
- ❑ Ich äußere meinen Standpunkt mutig und nehme gleichzeitig Rücksicht auf die Gefühle anderer.
- ❑ Ich konzentriere mich auf das Positive, bringe aber auch klar auf den Punkt, was es zu verbessern gibt.

»Auf lange Sicht gewinnen wir entweder beide oder wir verlieren beide. Darum ist Gewinn-Gewinn die einzig echte Alternative.«
Stephen R. Covey

Schließe Win-Win-Vereinbarungen ab!

Ob in der Familie, unter Freunden oder im Beruf: In einer **Win-Win-Vereinbarung** verpflichten sich die Beteiligten, zum Vorteil aller zusammenzuarbeiten.

Welche deiner Beziehungen würde von einer Gewinn-Gewinn-Vereinbarung profitieren? Überleg dir, was für den anderen ein Gewinn sein könnte. Natürlich kannst du die betreffende Person auch direkt fragen. Schreib zudem auf, was für dich ein Gewinn wäre. Erstelle gleich hier einen ersten Entwurf für eine Gewinn-Gewinn-Vereinbarung. Achte darauf, dass die Vereinbarung alle 5 Eckpunkte von Seite 109 enthält. Wenn du mit deinem Entwurf zufrieden bist, zeige ihn deinem »Vertragspartner«. Arbeitet dann gemeinsam am Feinschliff für eure Gewinn-Gewinn-Vereinbarung.

Entwurf für eine Gewinn-Gewinn-Vereinbarung

zwischen ____________

und ____________

zum Thema ______________________

Die 5 Eckpunkte einer Win-Win-Vereinbarung

1. Ergebnisse:
Was wollt ihr beide? Bleib konsequent in Bezug auf deine Prinzipien und flexibel, wenn es um Kleinigkeiten geht.

2. Richtlinien:
Welche Regeln und Rahmenbedingungen sollen unbedingt eingehalten werden?

3. Ressourcen:
Habt ihr alle nötigen Hilfsmittel? Was macht ihr, wenn Schwierigkeiten auftauchen oder Unterstützung nötig ist?

4. Verantwortlichkeit:
Wer macht was bis wann? Und wer beurteilt die Ergebnisse?

5. Konsequenzen:
Gibt es eine »Belohnung«, wenn die gewünschten Ergebnisse erzielt wurden? Und: Was passiert, wenn die Vereinbarung nicht erfüllt wurde?

5. Weg

Erst verstehen, dann verstanden werden

Bring deine Kommunikation auf ein völlig neues Level

»Die meisten Menschen hören nicht zu,
um zu verstehen. Sie hören zu, um zu antworten.
Doch so können wir niemals wirklich verstehen,
was in einem anderen Menschen vorgeht.«
Stephen R. Covey

Jeder will verstanden werden!

Stell dir vor, du gehst in einen Handyshop. Der Verkäufer stürzt auf dich zu und sagt: »Ich weiß genau, was du brauchst! Schau mal, das ist das ultimative Smartphone. Das haben jetzt alle. Ohne das Teil geht es gar nicht!« Du antwortest: »Ja, das ist echt cool. Aber das will ich überhaupt nicht!« Er schüttelt energisch den Kopf: »Na klar willst du das. Das will doch **jeder**!« Aber du sagst: »Ich brauche definitiv kein neues Smartphone!« Der Verkäufer lacht: »Na, das kann nicht sein. Glaub mir, ich weiß genau, was du brauchst. Ich nutze dieses Smartphone ja auch und bin total begeistert!« Du bist nur noch genervt, machst auf dem Absatz kehrt und verlässt den Laden. Da ruft dir der Verkäufer nach: »Hey, du bist echt undankbar! Und das, wo ich doch nur dein Bestes will und mich total bemüht habe, dir zu helfen!«

Würdest du nach dieser Erfahrung noch mal in diesen Laden gehen? Wahrscheinlich nicht. Du kannst niemandem vertrauen, der dir mit Lösungen kommt, bevor er verstanden hat, was du tatsächlich brauchst. Aber ist dir bewusst, dass wir in Gesprächen regelmäßig genau das tun? Oft neigen wir dazu, eine Lösung vorzuschlagen, obwohl wir das Problem noch gar nicht richtig verstanden haben. Doch: Alle gut gemeinten Ratschläge dieser Welt führen zu nichts, wenn wir nicht wissen, wo genau der Schuh drückt. Wenn ich das Allerwichtigste, das ich auf dem Gebiet der zwischenmenschlichen Beziehungen gelernt habe, in einem Satz zusammenfassen müsste, würde er lauten: **Erst verstehen, dann verstanden werden.** Das ist die Grundvoraussetzung für effektive zwischenmenschliche Kommunikation und vertrauensvolle Beziehungen.

5. Weg: Erst verstehen, dann verstanden werden

Der 5. Weg basiert auf dem Prinzip **VERTRAUEN** und stellt unsere Kommunikationsgewohnheiten komplett auf den Kopf. Anstatt sofort seine eigene Meinung zu äußern und den anderen mit Ratschlägen zu überhäufen, nimmt man sich zunächst Zeit, um die Gedanken und die Gefühle des anderen zu verstehen. Erst, wenn der andere sich wirklich verstanden fühlt, trägt man den eigenen Standpunkt klar und ehrlich vor. Dabei verzichtet man bewusst auf rhetorische Tricks, Manipulationsspielchen und Schlagfertigkeitstechniken. So öffnet sich eine völlig neue Welt des gegenseitigen Verstehens!

Hast du schon mal ein Zuhör-Training gemacht?

Viele von uns haben Seminare zum Thema Rhetorik, Überzeugungskraft oder Schlagfertigkeit besucht. Aber was ist mit dem Zuhören? Hast du schon mal ein Zuhör-Training gemacht? Hast du gelernt, einem anderen so zuzuhören, dass du seine Gedanken und seine Gefühle tatsächlich verstehst? Ob mit deinem Partner, deinem Kind, deiner Freundin, deinem Arbeitskollegen oder deiner Vorgesetzten: Wenn du effektiv mit anderen interagieren und Probleme gemeinsam lösen willst, musst du deinen Gesprächspartner erst verstehen. Herkömmliche Kommunikationstechniken reichen dazu nicht aus. Denn hier geht es häufig darum, den anderen schlagfertig auszukontern oder seine Argumente gekonnt zu widerlegen. Doch wenn du dem anderen nicht richtig zuhörst, bringt das gleich 2 große Nachteile:

- Du wirst nie erfahren, was den anderen tief im Inneren bewegt und wo das wahre Problem liegt.
- Der andere wird nicht offen sein, um sich deine Sicht der Dinge anzuhören und gemeinsam mit dir Lösungen zu entwickeln.

ACHTUNG:

»Erst verstehen, dann verstanden werden« bedeutet nicht, dass du die Meinung des anderen uneingeschränkt teilst. Es geht darum, dass du dich in ihn hineinversetzt und verstehst, was er denkt und fühlt!«

Warum hört keiner zu?!

Viele glauben, dass sie gute Zuhörer sind. Doch oft ist das ein Trugschluss. Häufig hören wir anderen nicht richtig zu, weil wir damit beschäftigt sind, über unsere Antwort nachzudenken. Oder wir betrachten das, was andere sagen, ausschließlich aus unserer eigenen Perspektive. Woran das liegt? Wir interpretieren das Gehörte und beziehen es auf unsere eigenen Erfahrungen. Wahrscheinlich kommen dir die folgenden Äußerungen bekannt vor:

- »Oh, ich weiß genau, wie du dich jetzt fühlst. Bei mir war das damals genauso!«
- »Das kenne ich sehr gut. Gerade neulich ist mir das auch passiert!«
- »Ach, das ist keine große Sache. Ich habe das Problem folgendermaßen gelöst …!«

Vielleicht denkst du jetzt: »Was ist denn schlecht daran, wenn man versucht, auf andere einzugehen und ihnen mit seiner Erfahrung zu helfen?« Das Problem ist, dass wir dann zu einer der folgenden 4 Reaktionen neigen:

- **Bewerten:** Wir beurteilen die Aussagen des anderen und schätzen ab, ob wir dem Gesagten zustimmen oder ob wir anderer Meinung sind.
- **Nachfragen:** Wir stellen aus unserem eigenen Bezugsrahmen heraus Fragen. Oft fühlt sich das für unseren Gesprächspartner an wie ein Verhör.
- **Beraten:** Wir geben dem anderen Ratschläge, die auf unseren eigenen Erfahrungen beruhen.
- **Interpretieren:** Wir versuchen, aus anderen Leuten schlau

zu werden, indem wir uns ihr Verhalten aus unseren eigenen Motiven heraus erklären.

Aber wie macht man es besser? Der Schlüssel zum Erfolg ist einfühlsames Zuhören. Hier stellt man die eigene Meinung und die eigenen Erfahrungen in den Hintergrund. So kann man die Welt mit den Augen des anderen sehen und ihn nicht nur intellektuell, sondern auch emotional verstehen. Die folgende Tabelle zeigt dir die Unterschiede zwischen egozentrischem und einfühlsamem Zuhören:

Egozentrisches Zuhören	Einfühlsames Zuhören
Du versuchst, zuerst vom anderen verstanden zu werden.	Du versuchst, den anderen zuerst zu verstehen.
Das eigene Ego steht im Mittelpunkt.	Der andere steht im Mittelpunkt.
Du betrachtest das Gesagte aus deiner persönlichen Perspektive.	Du betrachtest das Gesagte aus der Perspektive des anderen.
Du erfühlst nicht, welche Gefühle, Sorgen und Ängste sich hinter den Worten des anderen verbergen.	Du richtest deine Antennen darauf aus, die tief im Inneren verborgene Botschaft des anderen zu entschlüsseln.
Du erteilst deinem Gesprächspartner ungefragt Ratschläge.	Der andere öffnet sich und bittet dich von sich aus um Rat.

Es gibt 5 Techniken, die du anwenden kannst, um anderen einfühlsam zuzuhören. Sie funktionieren allerdings nur, wenn du den aufrichtigen Wunsch hast, dein Gegenüber wirklich zu verstehen. Ansonsten wirken sie schnell manipulativ. Deshalb: Nutze die Techniken nur, wenn du den anderen wirklich verstehen willst. Wichtig ist zudem, dass du alle 5 Techniken verbindest. Nur so können sie ihre volle Wirkung entfalten!

5 Techniken für einfühlsames Zuhören

1. Hör nicht nur mit den **Ohren** zu, sondern auch mit den **Augen** und dem **Herzen**. Achte auch auf die Körpersprache, die Intonation und die Wortwahl.
2. Lass den anderen reden. Wenn du merkst, dass du im Begriff bist, ihm ins Wort zu fallen, atme tief durch. **Sag nichts** und hör einfach weiter aufmerksam zu.
3. **Wiederhole** das, was die andere Person gesagt hat, mit deinen eigenen Worten.
4. Gib nicht nur die Worte des anderen wieder, sondern unbedingt auch seine **Gefühle**.
5. Stelle **Fragen**. Achtung: Hier geht es nur um Fragen, die dir helfen, den anderen besser zu verstehen. Zum Beispiel: »Habe ich das richtig verstanden?« Oder: »Ist es das, was du meinst?«

So wirst du verstanden und überzeugst andere

Der 5. Weg besteht bewusst aus 2 Teilabschnitten. Nachdem du den ersten wirklich verstanden hast, kommt der 2. Schritt. Nun geht es darum, dass du deinem Gesprächspartner deine Sicht der Dinge anschaulich erklärst. Denn: Erst wenn der andere sich verstanden fühlt, wird er offen für deine Meinung sein! Wenn wir nur die 1. Hälfte des 5. Wegs beherrschen, stellen wir unsere eigenen Wünsche und Bedürfnisse in den Hintergrund. Dann haben wir eine Verlust-Gewinn-Einstellung. So ist effektives Self-Leadership nicht möglich. Denn effektives Self-Leadership erfordert Rücksicht gegenüber anderen und Mut, für die eigenen Wünsche und Ziele einzustehen. Leider machen wir häufig einen großen Fehler, wenn wir anderen unsere Meinung darlegen: Wir konzentrieren uns ausschließlich auf unseren eigenen Standpunkt. Unser Gegenüber und seine Gedanken und Gefühle lassen wir dabei außen vor. Das schmälert unsere Erfolgsaussichten. Wie du es besser machen kannst? Ganz einfach:

Ob in Verhandlungen, bei Präsentationen, in Meetings oder in persönlichen Gesprächen: Zeig deinen Gesprächspartnern, dass du ihr Anliegen und ihre Bedenken verstehst. Komm erst danach auf deine Ideen zu sprechen. So steigerst du deine Glaubwürdigkeit und deine Überzeugungskraft enorm!

Wie man das am besten macht? Hier kommt ein Beispiel von einem guten Bekannten:

Was tun, wenn man Geld braucht?

Ein Bekannter, ein Universitätsprofessor, kam eines Tages zu mir und sagte: »Stephen, ich komme bei der Beschaffung der Mittel für meine Forschungsarbeit keinen Schritt voran. Meine Forschungen sind für die Fakultät einfach nur Nebensache.«

Ich sagte zu ihm: »Nutze den 5. Weg und erstelle eine effektive Präsentation zur Vergabe der Forschungsgelder! Beginne nicht mit den Vorteilen deiner Forschungsarbeit. Beschreib den Professoren in der Kommission erst die Lösung, die sie deiner Arbeit vorziehen. Erkläre ihnen diese Lösung sehr viel besser, als sie es selbst könnten. Zeig ihnen, dass du sie wirklich verstehst. Bezieh dich dabei nicht nur auf intellektuelle, sondern auch auf die emotionalen Aspekte. Und dann beschreib ihnen genau, was für deine Forschung und deinen Antrag spricht.«

Er begann seine Präsentation mit den folgenden Worten: »Lassen Sie mich zunächst sehen, ob ich verstehe, was Ihre Ziele sind und welche Bedenken Sie im Hinblick auf diese Präsentation und meinen Vorschlag haben!«

Seine Präsentation zeigte, dass er die Mitglieder der Kommission wirklich verstand und dass er ihren Standpunkt respektierte. Während der Präsentation sagte der Vorsitzende der Kommission auf einmal: »Sie bekommen das Geld!«

Wie du beide Teile des 5. Wegs effektiv im Privatleben und im Beruf nutzen kannst? Zahlreiche Tipps und Übungen findest du im Praxis-Training auf den folgenden Seiten.

5. Weg

PRAXIS-TRAINING

Erst verstehen, dann verstanden werden

• TEST: Bist du ein guter Zuhörer? •

Bist du ein guter Zuhörer oder glaubst du das nur? Mach den Test und finde es heraus! Wie würden die folgenden Personen deine Fähigkeiten als Zuhörer auf einer Skala von 1 bis 4 bewerten? Markiere den entsprechenden Wert in der folgenden Tabelle.

	hoch			niedrig
Partnerin oder Partner	1	2	3	4
Sohn oder Tochter	1	2	3	4
Bester Freund oder beste Freundin	1	2	3	4
Arbeitskollegin oder Arbeitskollege	1	2	3	4
Vorgesetzter oder Vorgesetzte	1	2	3	4

Wie ist dein Test ausgefallen? Frag dich: Wann fällt es mir besonders schwer, anderen zuzuhören, und warum ist das so?

Achtung: Zuhör-Fallen!

In die folgenden 5 Zuhör-Fallen tappen wir besonders gerne.

Die 5 Zuhör-Fallen!

1. **Abschalten und an etwas anderes denken:** Während der andere spricht, wandern die eigenen Gedanken in eine andere Galaxie. Oft ist man auch schon damit beschäftigt, seine eigene Antwort vorzuformulieren.
2. **So tun, als ob man zuhört:** Man täuscht Aufmerksamkeit vor, indem man hin und wieder sagt: »Ja«, »Aha«, »Hmm, hmm…«, »Toll« oder »Klingt wunderbar«.
3. **Nur das hören, was man hören will:** Man hört nur das, was einen interessiert. Den Rest ignoriert man.
4. **Ausschließlich auf die Worte hören:** Man ignoriert die Körpersprache des anderen, seine Gefühle und die wahre Bedeutung hinter seinen Worten.
5. **Alles aus der Ich-Perspektive hören:** Anstatt sich auf den anderen zu konzentrieren, überträgt man das, was er sagt, sofort auf seine eigene Geschichte. Man fällt ihm ins Wort und bekräftigt: »Das kenne ich. Ich weiß genau, wie du dich fühlst!« Zudem versucht man, den anderen zu übertrumpfen: »Dein Tag war schlecht? Dann hör erst mal, wie schlimm mein Tag war!«

Und wie ist es bei dir? Überleg dir: In welche der 5 Zuhör-Fallen tappe ich besonders oft? Und was kann ich tun, um diese oder die anderen Fallen in Zukunft zu umgehen?

Lerne von guten Zuhörern!

Denk an ein Gespräch, in dem der andere dir mit Verständnis und Respekt zugehört hat. Frag dich: Wie habe ich mich gefühlt, als mir jemand einfühlsam zugehört hat?

Habe ich dem anderen gesagt, was ich wirklich denke und fühle? Und: War ich bereit, mich auf das einzulassen, was der andere mir sagen wollte?

Was kann ich aus diesem Gespräch lernen?

Sei kein Papagei, sei ein Spiegel!

Einfühlsame Zuhörer sind wie ein Spiegel. Ein Spiegel beurteilt andere nicht und er gibt auch keine Ratschläge. Er spiegelt einfach. Das kannst du auch: Wiederhole das, was dein Gesprächspartner sagt und fühlt, noch einmal mit eigenen Worten. Aber Achtung: Das heißt nicht, dass du alles einfach nachplapperst wie ein Papagei. Spiegeln bedeutet, dass du dem anderen zu verstehen gibst, was wirklich bei dir »angekommen« ist. Folgende Punkte unterscheiden einen Papagei von einem Spiegel:

Der Papagei ...	Der Spiegel ...
wiederholt einfach das, was der andere gesagt hat.	gibt das wieder, was er verstanden hat.
verwendet dieselben Wörter und Formulierungen wie sein Gegenüber.	drückt die Botschaft seines Gegenübers mit seinen eigenen Worten aus.
ist gleichgültig wie ein Roboter und zeigt keine Gefühle.	ist mit dem Verstand, dem Herzen und seinen Gefühlen bei der Sache.

»Wahre Größe zeigt sich darin, dass wir die Perspektive anderer verstehen, bevor wir unsere eigene Meinung äußern.«
Stephen R. Covey

Fragen, die dir weiterhelfen

Wenn du spiegelst, ohne den anderen tatsächlich verstehen zu wollen, wird er dich schnell durchschauen. Denk immer daran: Das Ziel beim Spiegeln ist, *mit eigenen Worten zu wiederholen, was der andere sagt, denkt und fühlt.* Hier sind Formulierungen, die dir dabei helfen:

- »Wenn ich dich richtig verstehe, hast du dich … gefühlt.«
- »Wie ich es sehe, hast du also …«
- »Ich merke, dass du dich … fühlst.«
- »Du hast das Gefühl, dass …«
- »Du sagst also, dass …«

Starte dein persönliches Zuhör-Training!

Weißt du, was besonders gut am 5. Weg ist? Du kannst **sofort** damit beginnen, deine neuen Erkenntnisse umzusetzen. Wähle eine Person aus, die dir besonders nahesteht. Starte gemeinsam mit dieser Person dein persönliches Zuhör-Training. Achte darauf, was sich ändert, wenn du den 5. Weg beherzigst und verständnisvoll zuhörst. Frag dich:

Wie haben sich unsere Gespräche verändert?

Wie hat sich unsere Beziehung verändert?

Bitte die andere Person um Feedback. Frag nach, welche Veränderungen sie in euren Gesprächen und in eurer Beziehung bemerkt hat:

Extra-Tipp: Fang einfach noch mal an!
Wenn du während eines Gesprächs bemerkst, dass du nicht einfühlend zuhörst, dann mach eine kurze Pause. Sei ehrlich und sag dem anderen: *»Tut mir leid. Ich habe gerade gemerkt, dass ich nicht wirklich versucht habe, dich zu verstehen. Können wir bitte noch mal anfangen?«*

Hör mit dem Herzen zu!

Besonders wichtig beim einfühlsamen Zuhören ist, dass du nicht nur mit den Ohren, sondern auch mit den Augen und dem Herzen zuhörst. Achte also nicht nur auf die Worte, sondern auch auf die Körpersprache und die Gefühle deines Gegenübers. Frag dich:

Was bedeutet das folgende Zitat für mich?

»Ich muss gut zuhören. Nur so kann ich das hören, was nicht gesagt wird!«

Thuli Madonsela

Juristin und ehemalige Ombutsfrau von Südafrika

Wenn du das nächste Mal in einer lebhaften Diskussion mit jemand anderem bist, achte bewusst auf das, was nicht ausgesprochen wird. Wie ist die Körpersprache? Wie der Tonfall? Halte deine Erkenntnisse schriftlich fest. Notiere auch, was du aus diesem Gespräch und deinen Beobachtungen lernen kannst:

Hilf anderen, dich zu verstehen!

Für effektive Kommunikation ist die 2. Hälfte des 5. Weges genauso wichtig wie Hälfte Nummer 1. Frag dich:

Wie kann ich anderen in Gesprächen, Vorträgen und Präsentationen zeigen, dass ich sie verstehe, bevor ich meine eigene Meinung darlege?

Was kann ich tun, damit andere mich in Zukunft besser verstehen? Wie bringe ich meinen eigenen Standpunkt klar zum Ausdruck?

Erhöhe deine Überzeugungskraft!

Musst du bald eine Präsentation halten oder ein schwieriges Gespräch führen? Trainiere vor dem Spiegel oder erzähl alles deinem Hund. Nimm dich selbst auf und zieh dann Bilanz. Was war gut? Was geht noch besser? Nutze gerne die folgende Checkliste, um Verbesserungsideen zu finden:

Checkliste: So wirst du verstanden!

❑	**Kenne das »Warum«:** Überleg dir, was du mit einem Gespräch, einer Diskussion oder einer Präsentation erreichen willst.
❑	**Wecke Interesse:** Langweile deine Gesprächspartner und Zuhörer nicht.
❑	**Sorge für Klarheit:** Bring das, was du anderen vermitteln willst, klar auf den Punkt.
❑	**Streiche Überflüssiges:** Verzichte auf nebensächliche Details.
❑	**Liefere Beweise:** Belege deine Aussagen mit überzeugenden Zahlen, Daten und Fakten.
❑	**Denk an die Emotionen:** Sprich die Emotionen der anderen gezielt an.
❑	**Nutze die Macht der Bilder:** Wähle passende Bilder für deine Präsentationen aus. Übertreib es aber nicht. Nimm wenige, aber einprägsame Bilder.
❑	**Überzeuge mit deiner Sprechweise:** Setze Betonung, Sprechtempo, Pausen und die Lautstärke deiner Stimme gezielt ein.
❑	**Achte auf deine Körpersprache:** Halte Blickkontakt, unterstreiche deine Worte mit deiner Gestik und Mimik. Denk an deine Körperhaltung und fuchtle nicht wie wild mit deinen Händen herum.

6. Weg

Synergien schaffen

Werde zum Teamplayer

»Nach dem Gesetz der Synergie gibt es immer eine Lösung, die besser ist als die, die jeder der Beteiligten bisher im Sinn hatte!«
Stephen R. Covey

Zusammen können wir viel mehr erreichen als allein!

Sergey studierte seit zwei Jahren Informatik an der Stanford University. Dann wurde ihm die Aufgabe übertragen, Studienanfänger als Tutor zu unterstützen. An diesem Morgen sollte er einem gewissen Larry den Campus zeigen. »Wir waren beide muffelig«, erinnert Sergey sich später. Alles, was Sergey sagte, wurde von Larry bissig kommentiert. Doch Sergey konterte mindestens genauso schnippisch:

»Der Himmel ist heute extrem blau.«

»Das ist nicht blau. Das ist eine Illusion, verursacht durch die Brechung des Sonnenlichts in der Atmosphäre …«

Es machte ihnen riesigen Spaß, sich gegenseitig zu widersprechen. Schon bald wurden sie enge Freunde. Beide interessierten sich brennend für Computer. Ansonsten waren sie grundverschieden. Sergey war ein großer Partygänger – Larry war eher schüchtern, still und in sich gekehrt. Später experimentierten sie im Rahmen von Larrys Dissertation gemeinsam mit neuen Möglichkeiten, das Internet zu durchsuchen. Das war der Beginn einer gigantischen Erfolgsgeschichte. Denn Sergey und Larry sind die Gründer von Google!

Doch was wäre aus dieser Geschichte geworden, wenn Larry und Sergey die Welt immer nur durch dieselbe Brille gesehen hätten? Wenn sie genau dieselben Stärken und Schwächen gehabt hätten? Wenn sie der gleiche Typ Mensch gewesen wären? Ganz offensichtlich brauchten sie die Stärken des jeweils anderen, um gemeinsam eines der erfolgreichsten Unternehmen der Welt aufzubauen. Allein hätte das weder der eine noch der andere geschafft. Die Geschichte von Google ist ein Musterbeispiel für Synergie.

5. Weg: Synergien schaffen

Kurz gesagt heißt Synergie: 1+1 = 10, 100 oder sogar noch viel mehr. Synergie liefert den Beweis, dass das Ganze mehr ist als die Summe seiner Teile. Der 6. Weg beruht auf dem Prinzip **KREATIVITÄT**. Die Grundvoraussetzung für Synergie lautet: Unterschiede schätzen! Synergie entsteht, wenn verschiedene Fähigkeiten, Ideen und Perspektiven zusammenkommen und sich gegenseitig ergänzen. Denn: Durch Teamgeist und das Zusammenspiel der Stärken verschiedener Menschen kann man weitaus effektiver und erfolgreicher sein als allein.

Synergie ist überall

In der Natur gibt es überall Synergie. Viele Pflanzen und Tiere leben in symbiotischen Gemeinschaften. Vielleicht hast du schon mal ein Bild gesehen, auf dem ein kleiner Vogel seine

Nahrung vom Rücken eines Nashorns pickte? Das ist ein Paradebeispiel für Synergie. Beide Seiten profitieren: Der Vogel bekommt etwas zu futtern und das Nashorn wird lästige Parasiten los. Woran du Synergie im Alltag erkennen kannst? Die folgende Tabelle hilft dir dabei.

Synergie heißt nicht ...	Synergie heißt ...
Unterschiede abzulehnen oder sie lediglich zu tolerieren.	Unterschiede zu schätzen und davon zu profitieren.
als Einzelkämpfer unterwegs zu sein.	Hand in Hand im Team zusammenzuarbeiten.
miteinander zu konkurrieren und sich gegenseitig auszuspielen.	gemeinsam nach der besten Lösung zu suchen.
zu denken, dass man schon alles weiß und immer recht hat.	offen für innovative Ideen und andere Meinungen zu sein.
nur seine eigenen Wünsche und Bedürfnisse zu sehen.	die Bedürfnisse anderer zu verstehen und darauf einzugehen.
seinen eigenen Vorteil in den Mittelpunkt zu stellen.	die Vorteile aller Beteiligten im Blick zu haben.
unliebsame Kompromisse einzugehen.	miteinander neue, bessere Lösungen zu finden.

Unterschiede schätzen und feiern!

Der Schlüssel zur Synergie lässt sich in zwei Worten zusammenfassen: Unterschiede schätzen! Wenn es um Unterschiede zwischen uns Menschen geht, denken wir häufig an Herkunft, Alter und Geschlecht. Aber Vielfalt umfasst noch viel mehr: Sprache, Kindheit, Glaube, Bildung, Erfahrungen oder Lebensstil und so weiter. Wir haben 3 Möglichkeiten, mit Unterschieden und Vielfalt umzugehen. Wir können sie ablehnen, tolerieren oder feiern. Effektive Menschen feiern Unterschiede. Sie wissen, dass Vielfalt ein großer Gewinn ist, weil wir ungemein von den Erfahrungen, Ansichten und Stärken anderer profitieren können.

Synergie heißt: 1 + 1 = 10, 100 oder noch viel mehr!

Synergie ist mehr als ein Kompromiss oder einfache Zusammenarbeit. Sie ist **kreative Teamarbeit**. Das Motto lautet: Zusammen können wir viel mehr schaffen als allein. Deshalb kann Synergie wahre Wunder bei der Lösung von Problemen und Konflikten bewirken. Denn:

> Synergie ist nicht »dein Weg« oder »mein Weg«. Synergie ist ein »höherer«, ein viel besserer Weg. Hier entsteht eine gemeinsame Lösung – eine **3. Alternative**. Die 3. Alternative ist weitaus besser als alles, was jeder allein sich je hätte vorstellen können.

Leider sehen wir meist nur 2 Alternativen: meine Stärken gegen deine Stärken, meine Mannschaft gegen deine Mannschaft, meine Meinung gegen deine Meinung. Diese zweigeteilte Sicht auf die Dinge prägt uns von Kindesbeinen an. Wir sehen unser Leben als »bestehen oder durchfallen«, »gewinnen oder verlieren«, »groß rauskommen oder kleinlaut nach Hause gehen«. In Umfragen werden wir gefragt: »Bist du für oder gegen die Legalisierung von Drogen?«, »Sind Abschiebungen von Asylbewerbern richtig oder falsch?« Aber:

Das Leben ist nicht einfach eine Entscheidung zwischen »A« und »B«.
Es gibt immer einen besseren Weg – eine

3. Alternative!

Die 3. Alternative: Besser als jeder Kompromiss!

Viele verwechseln die 3. Alternative mit einem Kompromiss. Dabei ist die 3. Alternative weitaus besser als jeder Kompromiss. Bei einem Kompromiss muss jeder auf etwas verzichten. Am Ende ist keiner wirklich glücklich. Ganz anders ist es bei der 3. Alternative. Hier entsteht etwas völlig Neues. Eine kreative Lösung, von der keiner der Beteiligten im Vorfeld auch nur zu träumen gewagt hätte. Ob im Berufsleben oder in der Familie: 3. Alternativen kannst du in allen Lebensbereichen finden. Hier ein praktisches Beispiel von einer Bekannten:

Die Synergie-Samstage

»Wozu sind Samstage da?« Mein Mann würde sagen: »Die Samstage sind dazu da, gemeinsam Zeit zu verbringen und die Beziehungen in der Familie zu stärken.« Meine Antwort fällt völlig anders aus: »Samstage sind dazu da, den Haushalt und den Garten auf Vordermann zu bringen.« Das gefiel meinem Mann und unseren Kindern allerdings gar nicht. Fast jeden Samstag gab es Streit. Mein Mann wünschte sich einen gemeinsamen Ausflug in den Park und ich wollte im Garten arbeiten.

Rate mal, wer gewonnen hat ... Samstag für Samstag. Mein Mann! Als wir an einem Freitagabend vor dem Fernseher saßen, sprachen wir über unsere Samstage. Mein Mann meinte: »Wie sieht's aus? Was hältst du davon, wenn wir morgen Vormittag was richtig Tolles mit den Kindern unternehmen?«

Ich erwiderte: »Es gibt viel zu tun im Haus und im Garten – das hat Vorrang.«

Mein Mann schlug vor: »Kannst du eine Liste mit den Dingen erstellen, die erledigt werden müssen?«

Ich kritzelte rasch eine Liste zusammen und hoffte, dass ich nichts vergessen hatte.

Mein Mann runzelte die Stirn: »Das ist eine Menge. Dazu brauchen wir mehrere Stunden. Glaubst du, dass die Kinder so lange durchhalten?«

Ich antwortete: »Eher nicht. Was machen wir denn dann?«

Mein Mann schlug vor: »Am Vormittag ist es noch nicht so heiß. Was hältst du davon, wenn wir uns etwas zu trinken einpacken und einen Ausflug in den Park machen? Wenn wir zurück sind, erledigen wir dann alle gemeinsam die wichtigsten Arbeiten im Haus.«

Ich erwiderte: »Lass es uns versuchen.«

Wir standen am Samstagmorgen zeitig auf und machten uns fertig für den Ausflug in den Park. Die Kinder freuten sich, dass es noch nicht zu warm war. Mein Mann und ich schafften es sogar, gemeinsam eine Runde durch den Park zu drehen. Anschließend spielten wir mit den Kindern. Als es heiß wurde, machten wir uns auf den Heimweg. An unserem Lieblingsplatz legten wir eine Pause ein, um etwas zu trinken und uns ein bisschen abzukühlen. Zu Hause zeigte ich den Kindern dann den Aufgabenzettel. Wir legten fest, wer was übernehmen sollte. Und es gab so gut wie kein Gemurre.

Wir alle sind jetzt sehr zufrieden mit unseren Synergie-Samstagen!

☸ ☸ ☸

Das Beispiel mit den Synergie-Samstagen zeigt: Es ist gar nicht so schwer, eine 3. Alternative zu finden. Die folgenden 4 Schritte helfen dir dabei:

In 4 Schritten zur 3. Alternative

Schritt 1: Einfach fragen

Frag den anderen: *»Bist du bereit, eine Lösung zu suchen, die besser ist als die, die jedem von uns bisher vorschwebt?«* Diese Frage kann entwaffnend wirken, weil sie vom anderen nicht verlangt, seine Meinung aufzugeben. Du fragst lediglich, ob ihr gemeinsam nach einer 3. Alternative suchen könnt, die besser ist als deine Idee und seine Idee. Am Anfang steht also »nur« ein Gedankenexperiment.

Schritt 2: Erfolgskriterien aufstellen

Überlegt gemeinsam: *»Was könnte ›besser‹ genau bedeuten?«* So könnt ihr eine klare Vorstellung davon entwickeln, wie die 3. Alternative aussehen sollte. Erstellt eine Liste mit Kriterien, die erfüllt sein müssen, damit ihr beide mit der 3. Alternative glücklich seid. Denkt über den Tellerrand hinaus. Notiert Erfolgskriterien, die weit über eure bisherigen Erwartungen hinausgehen.

Schritt 3: Mit den Ideen experimentieren

Experimentiert mit Lösungen, die euren Erfolgskriterien entsprechen. *Lasst eurer Kreativität freien Lauf.* Und: Verzichtet erst mal auf Bewertungen. Eine 3. Alternative könnt ihr nur entwickeln, wenn ihr bereit seid, unvoreingenommen über ungewöhnliche Möglichkeiten nachzudenken.

Schritt 4: Die Stimmung prüfen

Achtet darauf, ob ihr tatsächlich eine tragfähige 3. Alternative gefunden habt. Wie ihr das erkennt? *Die Stimmung ändert sich schlagartig.* Keine Spur mehr von Zurückhaltung, Enttäuschung oder Streit. Denn die 3. Alternative macht euch zu Partnern, die gemeinsam eine Lösung gefunden haben, die für alle ein echter Gewinn ist!

Um Synergie zu schaffen, sind innere Sicherheit, Entdeckergeist und Kreativität gefragt. Hast du Lust, dich auf das Abenteuer Synergie einzulassen? Dann blättere gleich auf die nächste Seite und starte dein persönliches Synergie-Training!

6. Weg

PRAXIS-TRAINING
Synergie schaffen

Nutze die Stärken anderer

Wir sind umgeben von den Stärken anderer. Doch oft übersehen wir sie und greifen nicht darauf zurück. Ob Familienmitglied, Freundin oder Arbeitskollege: Trage die Namen einiger Menschen, die dir nahestehen, in die Tabelle unten ein. Notiere neben jedem Namen, welche besonderen Stärken diese Person hat. Überlege dir: Bei welchen Aufgaben und Herausforderungen könnten diese Stärken eine große Hilfe für dich sein? Halte deine Ideen in der rechten Spalte der Tabelle fest:

Name	Stärken und Möglichkeiten, davon zu profitieren
....	....
....	....
....	....
....	....

Gewinne neue Einsichten

Ob Politik, Kindererziehung oder 4-Tage-Woche und Homeoffice: Such dir ein Thema, das dich interessiert:

- Frage 3 Leute, was sie über dieses Thema denken.
- Lass deine persönlichen Ansichten außen vor.
- Hör einfühlsam zu, um die anderen zu verstehen. Finde heraus, was deine Gesprächspartner wirklich denken.
- Schreibe mindestens 3 neue Einsichten auf, die du so gewinnen konntest.

1. ______________________________

____

____

2. ______________________________

____

____

3. ______________________________

____

____

Freu dich über Unterschiede

Sicher kennst du Leute, die völlig »anders« sind als du? Ob Lebenseinstellung, Prinzipien, Beruf, Familie, Hobbys oder Humor: Was genau ist anders? Welche positiven Eigenschaften haben diese Leute? Frag dich: Was kannst du von ihnen lernen?

Unterschiede und positive Eigenschaften	Was ich lernen kann
....	
....	
....	
....	

Bitte mach keine Kompromisse!

Kompromisse sind im günstigsten Fall okay. Viel, viel besser sind allerdings 3. Alternativen. Deshalb: Schließe keine unliebsamen Kompromisse. Geh in dich und überleg dir:

Wann gehe ich Kompromisse ein? Und: Wie fühlt sich das an?

Nimm ein konkretes Beispiel aus deinem Leben. Frag dich: Welche Vorteile bringt mir Synergie im Vergleich zu einem Kompromiss? Trag deine Erkenntnisse in die Tabelle unten ein.

Nachteile eines Kompromisses	Vorteile einer 3. Alternative

• TEST: Bist du offen für andere Meinungen? •

Viele sind überzeugt, dass sie objektiv und offen für andere Meinungen sind – und alle anderen nicht. Und wie sieht es bei dir aus? Mach den Test und finde es heraus. Lies die folgenden Fragen aufmerksam durch und kreuze an, was am ehesten auf dich zutrifft:

Trifft das auf mich zu?	oft	selten	nie
Bin ich offen für die Ansichten anderer und diskutiere gerne mit ihnen darüber?	❑	❑	❑
Spreche ich respektvoll mit anderen, auch wenn sie anderer Meinung sind?	❑	❑	❑
Höre ich zu, um die Meinung, den Standpunkt und die Ideen anderer wirklich zu verstehen?	❑	❑	❑
Versuche ich, die Perspektive zu wechseln und die Welt durch die Augen anderer Menschen zu sehen?	❑	❑	❑
Geht es mir in Diskussionen wirklich um die Sache oder nur darum, recht zu haben?	❑	❑	❑
Ermuntere ich andere, lebhaft mit mir zu diskutieren? Gebe ich ihnen genügend Raum, um ihre Gedanken und Argumente darzulegen?	❑	❑	❑

Wenn ich bemerke, dass ich bei einer Sache falschliege, bin ich dann bereit, meine Meinung zu ändern?	❑	❑	❑
Gehe ich auf Menschen zu, die anders sind als ich? Bin ich überzeugt, dass wir voneinander lernen und profitieren können?	❑	❑	❑

Wie ist dein Test ausgefallen? Sieh dir deine Antworten noch einmal in Ruhe an. Notiere dir Ideen, wie du anderen in Zukunft objektiver und offener begegnen kannst.

Meine Ideen:

____

____

»Unsichere Menschen verbarrikadieren sich hinter ihrer eigenen Meinung. Ihnen ist nicht klar, dass Unterschiede die größte Stärke in einer Beziehung sind. Gleichheit ist unkreativ – und langweilig!«
Stephen R. Covey

Entwickle eine 3. Alternative

Hast du ein Problem, das besonders von einer 3. Alternative profitieren würde? Schreib gleich hier erste Lösungsideen auf. Überleg dir nicht nur, welche Pluspunkte dir eine 3. Alternative bringt. Notiere auch die Vorteile für die anderen Beteiligten.

3. Alternative

So gewinnen wir beide

So gewinne ich

So gewinnst du

Hast du erste Ideen notiert? Dann leg los! Halte dich an den 4-Schritte-Prozess von Seite 141/142, um eine 3. Alternative zu entwickeln. Fang direkt an. Geh auf den anderen zu und frag einfach:

> »Bist du bereit,
> eine Lösung zu suchen,
> die besser ist als die,
> die jedem von uns bisher
> vorschwebt?«

Lass dich auf das Abenteuer des 6. Wegs zu effektivem Self-Leadership ein. Es lohnt sich. Du wirst sehen: Von Synergie und der 3. Alternative profitieren letztlich alle!

Buchtipp: Die 3. Alternative
Weil der 6. Weg so wichtig und wertvoll ist, habe ich ein eigenes Buch dazu geschrieben: **»Die 3. Alternative: Gemeinsam Konflikte klären, Probleme lösen und große Ziele erreichen«**. Willst du mehr über diesen bahnbrechenden Ansatz zur Lösung von Problemen und Konflikten wissen? Dann schau gleich mal auf meiner Website www.stephen-covey.de vorbei.

7. Weg

Die Säge schärfen

Nimm dir Zeit für dich und deine Weiterentwicklung

»Was ist mit Abstand die wichtigste Investition, die wir in unserem Leben tätigen können? Die Investition in uns selbst!«
Stephen R. Covey

Der Weg der Erneuerung

Lass uns den 7. Weg zu effektivem Self-Leadership mit einer kleinen Rechenaufgabe beginnen. Nehmen wir an, du willst einen Baumstamm in der Mitte durchsägen:

Erforderliche Zeit mit einer stumpfen Säge:	30 Minuten
Erforderliche Zeit, um die Säge zu schärfen:	5 Minuten
Erforderliche Zeit, um den Stamm mit der scharfen Säge zu zerteilen:	10 Minuten
Zeitersparnis mit geschärfter Säge:	**15 Minuten**

Du hast gerade 50 Prozent deiner Zeit oder volle 15 Minuten gespart! Sägen ist nicht so dein Ding? Hier kommt ein anderes Rechenexempel für dich:

Zeit und Lebensqualität gewinnen!

Du musst ein wichtiges Projekt abschließen. Da die Zeit drängt, machst du keine Pause. Du bist ziemlich erschöpft. Dein Kopf brummt und du kommst nur langsam voran. Nach 6 Stunden und 30 Minuten bist du endlich fertig. Was wäre gewesen, wenn du dir 30 Minuten Zeit genommen hättest, um deine Säge zu schärfen? Dann hättest du dich frisch erholt an die Arbeit machen können. Die Arbeit wäre dir viel schneller von der Hand gegangen und du hättest alles in 5 Stunden geschafft. Kurzum: Wenn du deine Säge geschärft hättest, hättest du eine volle Stunde einsparen können.

Die beiden Rechenaufgaben zeigen: Unterm Strich kostet es dich keine Zeit, wenn du die Säge schärfst. Im Gegenteil: Der 7. Weg schenkt dir Zeit und Lebensqualität! Der 7. Weg ist eine der wichtigsten Aufgaben in deinem Leben. Denn: Wir können es uns nicht leisten, keine Zeit in unsere persönliche Erneuerung zu investieren. Nur wenn wir unsere Säge regelmäßig schärfen, bleiben wir auf Dauer gesund, fit und leistungsfähig!

7. Weg: Die Säge schärfen

Der 7. Weg ermutigt einen dazu, sich Zeit zu nehmen, um die Säge zu schärfen. Dieser Weg beruht auf dem Prinzip der **ERNEUERUNG**. Hier dreht sich alles um die Erhaltung und die Vermehrung unseres wichtigsten Kapitals. Dieses Kapital sind wir selbst. Der 7. Weg fordert uns dazu auf, unserem Körper, unserem Verstand, unserem Herzen und unserer Seele etwas Gutes zu tun. Nur so können wir langfristig effektiv, erfolgreich, gesund und glücklich sein.

Die 4 wichtigsten Dimensionen im Leben

Im Zentrum des 7. Weges steht die regelmäßige Erneuerung und Stärkung der 4 wichtigsten Dimensionen jedes Menschen – Körper, Verstand, Herz und Seele.

Körper	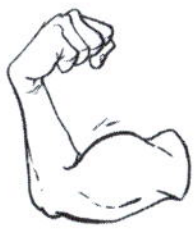	**Physische Dimension** *Sport und Bewegung, gesunde Ernährung, genug Schlaf, Erholung und Entspannung …*
Verstand	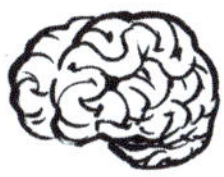	**Mentale Dimension** *Weiterbildung, Neues lernen, Wissen und Fähigkeiten auf den aktuellsten Stand bringen, gute Bücher lesen, Kreativität ausleben …*
Herz		**Emotionale Dimension** *Beziehungen und Kontakte pflegen, Zeit mit seinen Lieblingsmenschen verbringen, Gutes tun, lachen, sich selbst lieben lernen …*
Seele		**Spirituelle Dimension** *Zeit in der Natur verbringen, Achtsamkeit stärken, Tagebuch führen, Yoga und Meditation, Kunst, Kultur, Literatur, Musik …*

So läuft es rund bei dir

Um fit, gesund und leistungsfähig zu sein, solltest du alle 4 Dimensionen deines Lebens in **Balance** bringen. Warum ist das so wichtig? Weil alle 4 Dimensionen eng miteinander verknüpft sind. Das heißt: Sobald du eine Dimension vernachlässigst, wirkt sich das automatisch auf die anderen aus. Es ist wie bei den Reifen eines Autos. Wenn ein Reifen nicht richtig ausgewuchtet ist oder zu wenig Luft hat, werden sich alle 4 ungleichmäßig abnutzen. Und dann läuft es nicht mehr rund in deinem Leben. Ein ausgewogenes Leben kannst du nur führen, wenn du dir ausreichend Zeit für alle 4 Dimensionen nimmst.

Wenn wir wirklich effektiv sein wollen, müssen wir uns regelmäßig Zeit nehmen, um unsere Säge in allen 4 Dimensionen zu schärfen.

Körper, Verstand, Herz und Seele: Was du alles tun kannst, um deine Säge in ausgewogener Art und Weise zu schärfen? Das erfährst du gleich im Praxis-Training zum 7. Weg!

7. Weg

PRAXIS-TRAINING

Die Säge schärfen

Gönn dir Zeit für deine Erneuerung

Erneuerung ist eine **Quadrant-II-Aktivität**. Das heißt: Du musst **pro-aktiv** sein, um dir Zeit für den 7. Weg zu nehmen. Frag dich:

Kommt es häufiger vor, dass mir dringende Dinge die Zeit für meine Erneuerung rauben?

❑ Selten ❑ Manchmal ❑ Viel zu oft

Der 7. Weg ist so wichtig, dass du dir jeden Tag Zeit dafür nehmen solltest. Fang gleich heute damit an. Überleg dir: Was hilft dir, Stress abzubauen? Notier gleich unten deine Ideen oder lass dich von den folgenden Anregungen inspirieren. Und dann – mach es einfach!

30 Minuten – nur für mich!

Die folgenden Anregungen helfen dir, deine Säge in nur 30 Minuten zu schärfen und jede Menge frische Energie zu tanken!

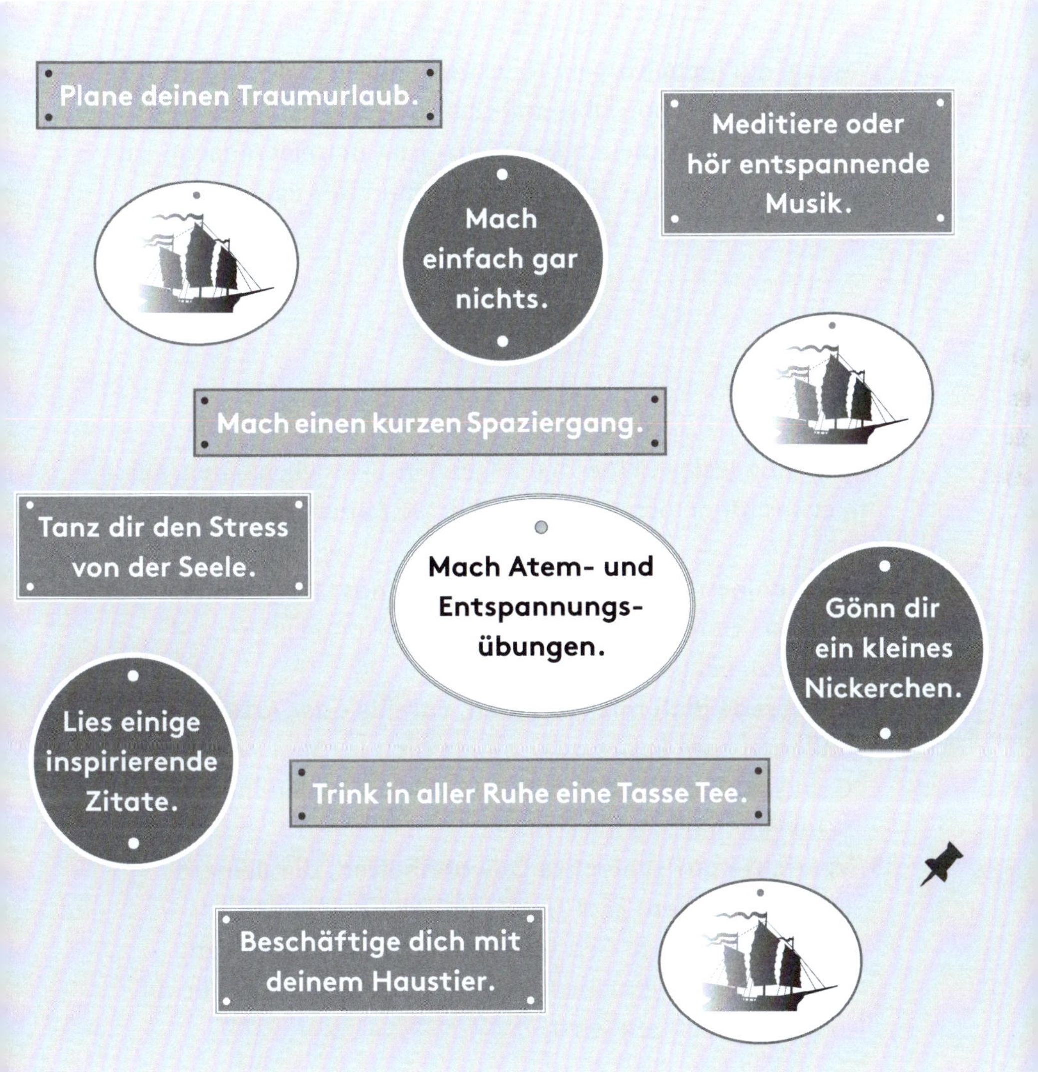

Tu was für deine Gesundheit und deine Fitness!

Sorge gut für deinen **Körper**. Dazu gehören eine gesunde Ernährung, ausreichend Entspannung und regelmäßige sportliche Aktivitäten. Geh in dich und frag dich:

Was sagt mir mein Körper? Habe ich genug Schlaf bekommen? Habe ich heute schon Obst und Gemüse gegessen? Welche ungesunden Gewohnheiten habe ich – zum Beispiel rauchen, zu viel Süßes essen oder zu wenig Sport und Bewegung?

1, 2 oder 3?

Wähle mindestens eine der folgenden 3 Möglichkeiten aus, um etwas für deinen Körper und deine Fitness zu tun!

1. **Stell deinen Wecker – und zwar abends:** Das erinnert dich daran, rechtzeitig ins Bett zu gehen und genügend Schlaf zu bekommen.
2. **Verabrede dich mit Freunden, Familie oder Arbeitskollegen zum Sport oder melde dich im Sportverein an.** Gemeinsam mit anderen ist es viel leichter, den inneren Schweinehund zu überwinden.
3. **Verzichte auf schlechte Gewohnheiten, die deinem Körper schaden:** Lass Zigaretten, Alkohol, Süßigkeiten oder zuckerhaltige Getränke und Co. links liegen. Fang gleich an. Such dir eine schlechte Gewohnheit aus, die du in Zukunft ablegen wirst.

Bring deine grauen Zellen auf Trab

Sobald sie die Schule oder das Studium hinter sich haben, lassen viele ihren **Verstand** verkümmern. Dabei sind lebenslanges Lernen und Weiterbildung nicht nur ungemein wichtig für deine berufliche Laufbahn, sondern auch für deine mentale Erneuerung. Deshalb: Schärfe deinen Verstand. Tu was für deinen Kopf. Eigne dir so viel Wissen an, wie du nur kannst. Hör bitte niemals auf, Neues zu lernen! Frag dich:

Was kann ich tun, um meinen Verstand zu schärfen?

Ob PC-Kenntnisse, Projektmanagement oder Führungskompetenz: Welche Weiterbildungen sind der Schlüssel, um meine langfristigen beruflichen Ziele zu erreichen?

Mach dich schlau

Wähle mindestens einen der folgenden Punkte aus, um deinen Verstand auf Trab zu bringen. Kreuze das an, was du innerhalb der nächsten 3 Tage definitiv machen wirst:

- ❑ Ein Kreuzworträtsel oder ein Sudoku lösen.
- ❑ Einen Songtext oder ein Gedicht auswendig lernen.
- ❑ Ein gutes Buch lesen.
- ❑ Mit Freunden oder Familienmitgliedern ein Strategiespiel spielen.
- ❑ Ein neues Hobby austesten.

Apropos Hobbys … Anbei kommen einige Hobbys, die besonders schlau machen. Vielleicht ist da ja was für dich dabei? Unterstreiche das Hobby, das du unbedingt ausprobieren willst.

ein Musikinstrument spielen fotografieren gärtnern nähen oder stricken Kurzgeschichten schreiben töpfern malen und zeichnen Gedichte verfassen kochen und backen eigene Lieder komponieren eine Fremdsprache lernen puzzlen Möbel restaurieren meditieren Geocaching Modellbau Schach spielen Gehirnjogging

Lass dein Herz hüpfen

Wenn es um dein **Herz** geht, kannst du die Säge am besten schärfen, indem du dich um den Aufbau und die Pflege von Beziehungen zu anderen Menschen kümmerst. Frag dich:

Wie kann ich meine Beziehungen zu den Menschen, die mir wichtig sind, verbessern? Trag deine Ideen gleich in die folgende Tabelle ein:

Beziehung zu …	So kann ich unsere Beziehung verbessern …
……………………	
……………………	

Plane Zeit für deine Beziehungen ein!

Anbei kommen einige Ideen, wie du deine Beziehungen pflegen kannst. Kreuze die Ideen an, die du zeitnah umsetzen wirst. Trag dir dafür auch gleich feste Termine in deinem Wochenplan ein:

- ❑ Ungestörte Zeit zu zweit mit meinem Partner oder meiner Partnerin verbringen.
- ❑ Einen Ausflug mit der ganzen Familie unternehmen.
- ❑ Gemeinsam mit meinen Kindern ein neues Hobby ausprobieren.
- ❑ Einen Freund oder eine Freundin zu mir nach Hause oder zum Chatten einladen.
- ❑ Jemandem, von dem ich lange nichts gehört habe, eine nette Nachricht schicken.
- ❑ Meine Eltern, Großeltern oder andere ältere Bekannte besuchen und mit ihnen über ihr Leben und ihre Erfahrungen sprechen.
- ❑ Einen Kollegen oder eine Kollegin auf einen Kaffee einladen.
- ❑ Jemandem, der mich verletzt oder geärgert hat, verzeihen.
- ❑ Jemandem, der mich unterstützt hat, eine Danke-Nachricht schicken.

Lass deine Seele aufblühen

Was berührt deine **Seele**? Ein gefühlvoller Song? Ein schönes Gedicht? Genau wie dein Herz braucht auch deine Seele sehr viel Pflege und Fürsorge. Finde heraus, wie du deine Seele aufblühen lassen kannst. Überleg dir:

- Was inspiriert mich tief im Innersten? Musik, Natur, Meditation, Yoga, Bücher …
- Was tut meiner Seele gut? Und worauf sollte ich in Zukunft lieber verzichten, weil es meiner Seele schadet?

Das tut meiner Seele gut. Das will ich in Zukunft öfter machen:	Das schadet meiner Seele. Darauf werde ich verzichten:
....	
....	

5 Minuten für deine Seele

Nimm dir jeden Tag mindestens 5 Minuten. Nutze diese 5 Minuten, um deiner Seele etwas Gutes zu tun. Kreuze das an, was du jeden Tag für deine spirituelle Erneuerung machen wirst:

- ❑ Mein Leitbild überarbeiten.
- ❑ Zeit in der Natur verbringen.
- ❑ Andere Menschen unterstützen.
- ❑ Musik machen.
- ❑ Ein Tagebuch führen.
- ❑ Morgens nach dem Aufstehen meditieren.
- ❑ Songtexte oder Gedichte schreiben.

Der 7. Weg braucht Planung!
Egal, ob es um deinen Körper, deinen Verstand, dein Herz oder deine Seele geht: Der 7. Weg braucht Planung. Die Aktivitäten für deine Erneuerung sind zwar enorm wichtig, aber meist nicht dringend. Deshalb werden sie in der Hektik des Alltags schnell von anderen Dingen verdrängt. Wie du das verhindern kannst? Mach es dir zur Gewohnheit, alle Aktivitäten für deine Erneuerung in deinem Wochenplan zu verankern. Und: Zieh am Ende jeder Woche ehrlich Bilanz, ob du dir wirklich ausreichend Zeit für deine Erneuerung genommen hast!

Auf zu neuen Ufern …

Die Reise geht weiter ...

Nun bist du am Ende dieses Buches angekommen. Allerdings fängt deine Reise zu einem selbstbestimmten, sinnerfüllten Leben jetzt erst richtig an. Ab sofort geht es darum, die 7 Wege zu effektivem Self-Leadership fest in deinem Alltag zu verankern. Bitte versuche nicht, alle 7 Wege gleichzeitig umzusetzen. Beginne mit dem Weg, der momentan die größte positive Wirkung auf dich hat. Und: Zieh einmal in der Woche deine ganz persönliche Self-Leadership-Bilanz. Verbinde deine Bilanz am besten mit deiner Wochenplanung. So kannst du auch gleich dafür sorgen, dass du Woche für Woche genügend Zeit für dein Self-Leadership-Training einplanst. Nutze den folgenden Fragbogen für deine Bilanz.

Meine Self-Leadership-Bilanz	
Welcher der 7 Wege stand in der letzten Woche für mich im Mittelpunkt?	
Welche Schritte habe ich in den vergangenen 7 Tagen unternommen, um mein Self-Leadership zu verbessern?	
Was ist mir besonders gut gelungen?	
Wo kann ich mich noch verbessern?	
Welche Dinge habe ich nicht konsequent genug angepackt?	
Welcher der 7 Wege soll nächste Woche im Mittelpunkt stehen?	

Welche Self-Leadership-Ziele will ich in der nächsten Woche unbedingt erreichen?	
Wann plane ich in der nächsten Woche Zeit für mein Self-Leadership ein?	

Halte dein Lebensschiff auf Kurs!

Wenn du ein selbstbestimmtes, sinnerfülltes Leben führen willst, wird nicht immer alles nach Plan laufen. Und wenn du mal vom Kurs abgekommen bist? Dann sei pro-aktiv und nimm die nötigen Kurskorrekturen so früh wie möglich vor. Geh mutig voran. Die Reise zu einem selbstbestimmten, sinnerfüllten Leben ist eine spannende Entdeckungstour. Denk daran:

Die Zukunft gehört denen, die bereit sind, ihre Träume in die Realität umzusetzen!

Lass dich inspirieren ...
Wertvolle Tipps, praktische Anregungen und aktuelle Neuigkeiten rund um die 7 Wege zu effektivem Self-Leadership findest du auf meiner Website **www.stephen-covey.de**. Also, schau gleich mal vorbei und lass dich inspirieren!

Über Stephen R. Covey

Stephen R. Covey ist ein international anerkannter Experte für die Themen Management, Leadership und Organisationsentwicklung. Mit seinen Büchern hat er Menschen rund um den Globus zu einem erfolgreichen und glücklichen Leben verholfen. Weltbekannt wurde er durch seinen Bestseller **»Die 7 Wege zur Effektivität«**. Mit über 40 Millionen verkauften Exemplaren gelten die 7 Wege als eines der wichtigsten Bücher aller Zeiten. Weitere Erfolgstitel von Stephen R. Covey sind **»Der 8. Weg«**, **»Die 3. Alternative«**, **»Das Leitbild deines Lebens«** oder **»Die 7 Wege zur Effektivität für starke Familien«**.

Das **Time Magazine** zählte Stephen R. Covey zu den 25 einflussreichsten US-Amerikanern. Im Laufe der Jahre hat Stephen R. Covey Millionen von Menschen – darunter Staatsoberhäupter und Konzernchefs – vermittelt, wie groß die Kraft der Prinzipien ist, von denen die Effektivität und der Erfolg von Einzelpersonen und Organisationen abhängen. Für seinen Verdienst an der Menschheit wurde er mit dem Internationalen Friedenspreis der Sikhs ausgezeichnet.

Darüber hinaus gehört er zu den Mitbegründern von **FranklinCovey**. Heute ist FranklinCovey in über 150 Ländern vertreten und gilt als das erfolgreichste Beratungs- und Trainingsunternehmen der Welt.

LESEPROBE AUS

DAS LEITBILD DEINES LEBENS

VON STEPHEN R. COVEY

Manche Menschen haben ein persönliches Leitbild und setzen es dann doch nicht um. Woran liegt das? Meist sind die folgenden Punkte dafür verantwortlich, dass ein Leitbild unbeachtet in der Schublade verstaubt:

1. Das Leitbild ist nicht »echt«

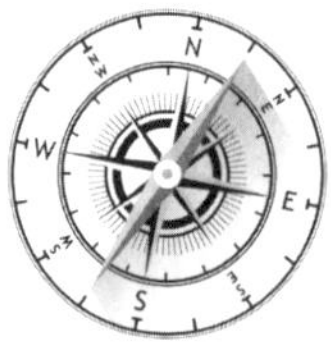

Was ich damit meine? Viele finden es schön, ein persönliches Leitbild zu haben. Doch sie sind nicht bereit, sich intensiv mit ihrem persönlichen Leitbild auseinanderzusetzen. Stattdessen übernehmen sie das Leitbild von jemand anderem – mit dem Hinweis, dass darin ja einige Dinge enthalten sind, die durchaus auf sie zutreffen. Viele machen es sich sogar noch einfacher. Sie suchen sich irgendein schönes Zitat aus und erklären es zu ihrem persönlichen Leitbild. Doch das ist nicht ihr Leitbild. Sie identifizieren sich nicht damit, weil es ihre Lebensträume und ihre Herzenswünsche nicht widerspiegelt. Es bringt ihre Augen nicht zum Leuchten. Deshalb wird es auch keine große Wirkung auf ihr Leben haben:

Ein persönliches Leitbild ist kein Kalenderspruch, den man im Vorbeigehen liest und dann schnell wieder vergisst!

Dein persönliches Leitbild wird dich ein Leben lang begleiten und dir den Weg zu deinen Zielen und Träumen weisen!

2. Das Leitbild ist nur eine Liste mit beliebigen Zielen

Ich habe mit einigen Menschen gesprochen, die ein Leitbild entwickelt haben und sagen: »Na ja, daraus ist leider nicht viel geworden.« Wenn sie mir ihr Leitbild dann zeigen, handelt es sich meistens um eine Auflistung von oberflächlichen Zielen. Da geht es vor allem um Dinge, die jemand besitzen will, oder um Orte, die er besuchen will:

- »Ich will einen Porsche fahren!«
- »Ich will eine Weltreise machen!«
- »Ich will ein Haus am Meer kaufen!«
- »Ich will mehrere Millionen auf dem Konto haben!«

Warum das nicht funktioniert?

Ein persönliches Leitbild ist keine lapidare Löffelliste mit Dingen, die man im Leben noch »genießen« oder »abarbeiten« will.

Ein Sportwagen, eine Weltreise, ein Ferienhaus oder ein prall gefülltes Konto: Das alles können nette Ziele sein. Aber hängen davon deine Lebensaufgabe und dein Lebensglück ab?

Hoffentlich nicht! Identität, Lebenssinn und Glück haben tiefere Wurzeln – und genau darum geht es in deinem **persönlichen Leitbild**.

ISBN 978-3-96739-143-5
www.stephen-covey.de

GABAL.
Wissen vernetzen